Nur ein paar Stündchen

Nix wie raus, ganz schnell ins Grüne. Auch mit wenig Zeit lässt sich Großartiges erleben. Kleine und große Abenteuer warten direkt vor der Haustür.

4H

Raus für einen Tag

Man muss nicht das Land verlassen, um neue Welten zu entdecken. Einfach mal einen Tag lang raus aus dem Alltagsallerlei und rein in die Natur.

12H

Ferien für ein Wochenende

Warum auf die große Auszeit warten, wenn man einen erquicklichen Wochenendtrip ins nahe Umland machen kann? Vergnügen, Abenteuer und Wohlgefühl kompakt und intensiv.

36H

Abenteuerer

ESKAPADEN

AUSZEIT   AUSGLEICH

FUN

Wochenende

STADT.LAND.FLUSS.

FREE

LEICHTIG-KEIT

ERLEBEN

AUF DASS DIE den WEG zu Suse, Andreas Elias & Pius:

15. 20 21 08.

GRÜN kleine Fluchten

Wege   Lebensfreude   NATUR

GLÜCK   von Inka Chall

finden.

LIEBE LESERIN, LIEBER LESER,

wer hätt's gedacht: Berlin besteht beinahe zur Hälfte aus Grün-, Wald- und Wasserflächen, private Flächen nicht einmal eingerechnet. Wem das nicht ausreicht, der macht einen Ausflug nach Brandenburg, dem immergrünen Vorgarten mit endlosen Möglichkeiten, durch Natur und Wildnis zu schlendern.

Dieses Buch kann nicht einmal ansatzweise einen vollständigen Überblick über die grünen Ausflugsmöglichkeiten in und um Berlin geben, aber es bietet einige Ideen, was in der wohl spannendsten aller Hauptstädte alles möglich ist: Wie wäre es mit einem leckeren Stück Käsekuchen im schönsten Gewächshaus der Stadt, einer wild-witzigen Fahrt mit der Draisine oder einer gemütlichen Hausboottour immer die Havel entlang?

Ich wünsche Ihnen viel Spaß beim Entdecken und Erleben in und um Berlin!

Inka Grall

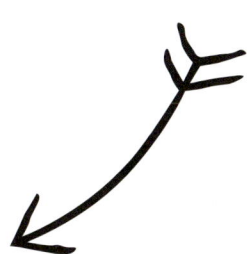

PS: Informationen zum GPX-Download gibt's auf Seite 224.

AUSZEIT. ABENTEUER. LEBENSFREUDE.

1. KAPITEL
ABSTECHER

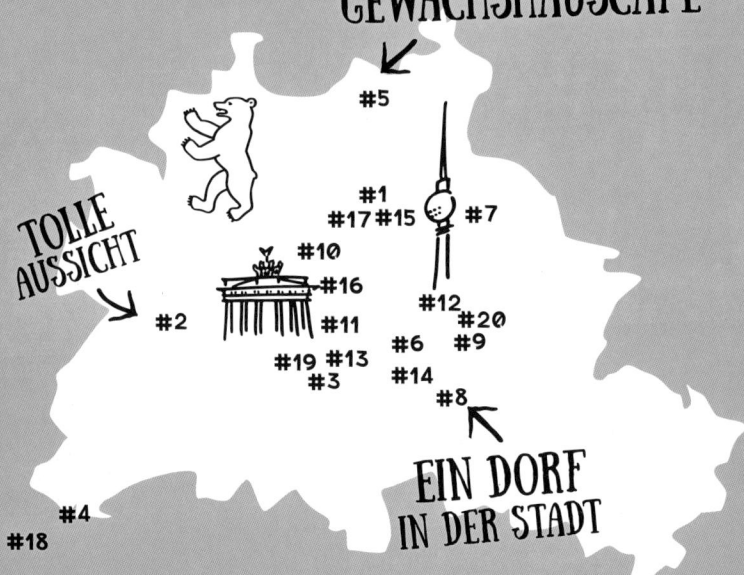

HÜBSCHESTES
GEWÄCHSHAUSCAFÉ

#5

#1
#17 #15 #7

TOLLE
AUSSICHT

#10
#16
#2
#11
#12
#20
#9
#6
#19 #13
#14
#3
#8

#4
#18

EIN DORF
IN DER STADT

Nur ein paar Stündchen

Grüne Oasen in der Stadt aufspüren, ins Hinterhofkino gehen und nach Feierabend Hügel erklimmen - die kleine Auszeit ist ganz nah.

4H

IM KIRSCHBLÜTENRAUSCH

... an der Bornholmer Straße

Es ist später Frühling, die Farben explodieren in Berlin. Die Kirschblüten an der Bornholmer Straße sind wohl die schönsten in ganz Berlin-Brandenburg. Dieser kurze Spaziergang ist perfekt für einen Feierabend im April. Die Bewohner*innen der Gegend wissen das allerdings ebenfalls. Wer ungestört sein möchte, kommt am besten an einem Wochentag früh morgens.

Die Bornholmer Straße war der erste Grenzübergang, an dem sich am 9. November 1989 der Schlagbaum öffnete. Der Platz des 9. November 1989 ist daher den historischen Ereignissen an diesem Ort gewidmet. Beeindruckend: die beinahe lebensgroßen Fotos der Öffnung des Schlagbaums vor einer originalen Sicherungsmauer.

Nun der Mauer mit den Fotos und Bemalungen folgen, bis diese abrupt nach ca. 200 Metern endet. Hier links in eine Kleingartenkolonie abbiegen und anschließend gleich wieder links. An der Rückseite der Mauer zurücklaufen. Am Ende beginnt unübersehbar die Kirschbaumallee.

Die Bäume stehen dicht beieinander, sodass sie ein regelrechtes Kirschblütendach ergeben. Wer die anderen Passanten genauer betrachtet, sieht ausschließlich lächelnde Gesichter und bewundernde Blicke. Es scheint, als wären Kirschblüten wahre Glücklichmacher.

Nach 500 Metern endet die Kirschbaumallee. Man kann links unter der Unterführung hindurch und die Grünthaler Straße zurücklaufen, diese ist aber nicht besonders spannend. Lieber noch einmal die Allee aus der anderen Perspektive anschauen und die Strecke einfach wieder zurück bis zum S-Bahnhof Bornholmer Straße gehen.

Alternativ kann man den Mauerweg bis zum S-Bahnhof Wollankstraße nehmen. Dafür nach links durch die Unterführung gehen und dann den Schildern Berliner Mauerweg folgen.

Tipp: Wer mehr sehen möchte, kann die Japanische Kirschblütenallee auf dem Mauer-

Gleich hinter der Mauer versteckt sich die Kirschbaumallee. Auf dem Platz des 9. November 1989 zeigen Fotos die Ereignisse dieser historischen Nacht.

weg in Lichterfelde Süd besuchen. Die 1000 Kirschbäume wurden einst von Japanischen Bürgern aus Freude über die Wiedervereinigung gespendet. Jedes Jahr im Frühling findet hier das Hanami-Fest statt (www.hanamifest. org). Die Bäume stehen etwas weiter auseinander und nicht ganz so romantisch, dafür ist der Spazierweg etwas länger.

Hin & Weg: Vom S-Bahnhof Friedrichstraße mit der S25 oder S2 in 10 Min. Richtung Norden bis zum S-Bahnhof Bornholmer Str., dort durch den hinteren Ausgang, dann nach links wenden und über die Brücke bis zum Platz des 9. November 1989 gehen.

Beste Zeit: Im April bei schönstem Sonnenschein.

Dauer & Strecke: 30 Min. mit Foto-Pausen, ca. 1,5 km.

Ausrüstung: Kamera / Handy – so viel Schönheit will festgehalten werden!

FAZIT: EIN PERFEKTER FEIERABEND-SPAZIERGANG, DER AUCH FOTOGRAFEN-HERZEN HÖHERSCHLAGEN LÄSST.

SUN-DOWNER MIT PANORAMA

⫶ ... auf dem Drachenberg im Grunewald ⫶

#2

Den Teufelsberg, den Schuttberg im Grunewald mit der alten US-Abhörstation obendrauf, kennen alle Berliner. Der Drachenberg, ebenfalls ein Trümmerberg, liegt gleich nebenan, ist aber weniger bekannt. Das ist schade, denn von hier gibt es eine grandiose Aussicht auf die Stadt.

Die alte Abhörstation der Amerikaner ist vom Drachenberg aus gut zu sehen. Von hier gibt es beste Aussichten auf Mondereignisse wie den Blutmond.

Seinen Namen hat der Drachenberg von all den Gleitschirm- und Drachenfliegern, die hier am Wochenende durch die Lüfte schweben. Zu Fuß gelangt man auf verschiedenen Wegen hinauf: Per Waldspaziergang nähert man sich vom S-Bahnhof Grunewald aus über den Teufelsberg, zum Beispiel über die ehemalige Seilbahnstrecke und am Kletterfelsen vorbei. Die Richtung durch den tiefgrünen und teils dicht bewachsenen Grunewald am besten mithilfe von Smartphone-Navigation oder Kompass anpeilen. Es gibt unzählige kleine Trampelpfade, die vom Teufelsberg zum Drachenberg führen.

Alternativ steigt man querfeldein auf den Drachenberg. Wer vom Südhang startet, erlebt eine richtige Kraxelpartie, denn der Drachenberg ist hier ordentlich steil. Von Norden aus ist der Anstieg hingegen recht flach.

Wer es, als dritte Variante, direkter und einfacher haben möchte, fährt bis zum S-Bahnhof Heerstraße. Von dort aus geht's entweder die Teufelsseechaussee entlang bis zum Parkplatz und über die steile Holztreppe zum Ziel. Oder – spannender – man biegt nach ca. 500 Metern von der Straße rechts auf einen der vielen Wege ins Grüne ab. Nach kur-

Hin & Weg: Vom Zoologischen Garten mit der S5/75 zum S-Bahnhof Heerstraße, weiter zu Fuß die Teufelsseechausee nach Süden.

Beste Zeit: Sommer/Herbst zum Sonnenuntergang

Dauer & Strecke: 1 bis 3 Std. Einfache Strecke von der Heerstr. ca. 1 km, durch den Grunewald mit Umweg über den Teufelsberg ca. 4 km, beliebig verlängerbar.

Ausrüstung: Mückenschutz, Decke zum Sitzen und Einmummeln, Taschenlampe für den Rückweg. Berliner Weiße nicht vergessen!

Gar nicht selten trifft man Füchse mitten auf dem Drachenberg.

zer Zeit gelangt man auf einen recht breiten Weg, der in Schlangenlinien und gemäßigter Steigung auf den Berg führt. Auf dem platten Rücken des immerhin 99 Meter hohen Berges ist die 360-Grad-Aussicht spektakulär: der Teufelsberg mit der Abhörstation und der tiefgrüne, von oben dschungelartig aussehende Grunewald Richtung Südwesten, der Funkturm und noch weiter hinten der Fernsehturm im Osten. An lauschigen Sommerabenden kann man hier den Tag ausklingen lassen und zusehen, wie die Umgebung in zarte Pastelltöne getaucht wird. Selten ist man dabei allein, aber die Stimmung ist friedlich, man sitzt im Gras, lauscht der Musik anderer Sonnenuntergangsanbeter und trinkt Berliner Weiße. Mit etwas Glück schaut auch einer der vielen Füchse vorbei. Diese bitte nicht füttern; sie finden hier genug Nahrung und sollten nicht an menschliche Gaben gewöhnt werden. Insbesondere wenn es dunkel geworden ist, am besten in einer Gruppe zurückgehen und unbedingt den Weg an der Straße entlang nehmen. Im Grunewald gibt es viele Wildschweine, die je nach Jahreszeit auch mal ihren Nachwuchs verteidigen.

Übrigens: Auch bei Mondereignissen wie dem berühmten Blutmond bietet der Drachenberg einen perfekten Blick auf das Spektakel – und da ist man ganz sicher nicht alleine.

FAZIT: VON WELCHEM ORT MAN DAS SCHÖNSTE SONNENUNTERGANGS-PANORAMA ERLEBEN KANN, DARÜBER STREITEN DIE BERLINER SEIT JAHRZEHNTEN. DIESER BERG SCHAFFT ES GARANTIERT AUFS SIEGERTREPPCHEN.

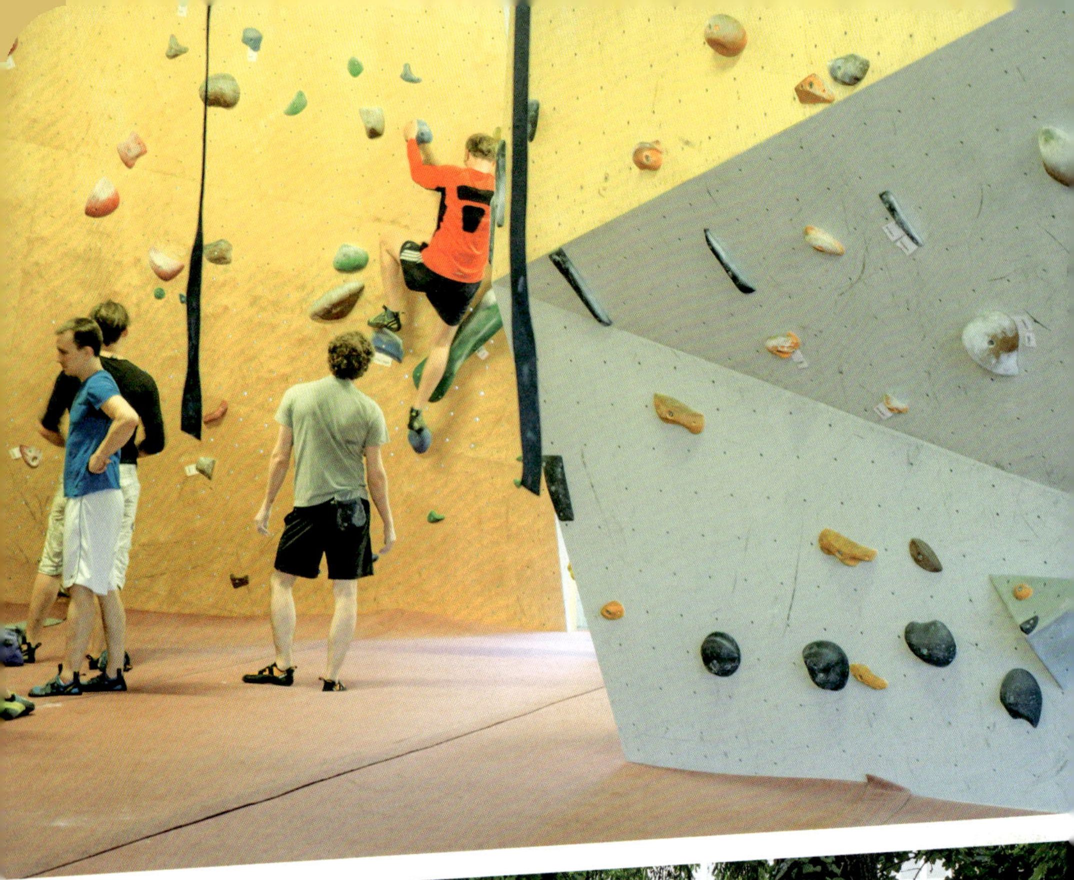

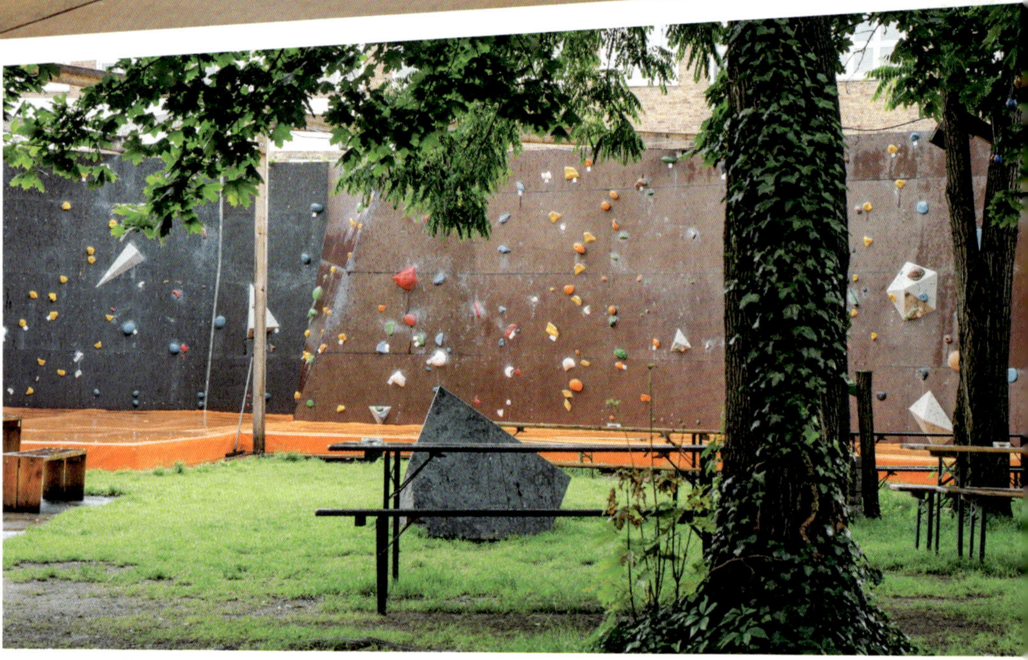

ON THE BRIGHT SITE

⤻ … beim Bouldern in Schöneberg ⤸

Üblicherweise sind Hallen zum Bouldern in Berlin dunkel und miefig, nicht so beim Boulder-Projekt »bright site«: Die Halle bietet mit großen Fenstern viel Tageslicht, und bei schönem Wetter bouldert man ohnehin lieber im Außenbereich.

#Kletterspaß #Biergarten #gesellig #KraftundAusdauer

Seit wenigen Jahren lockt das noch recht unbekannte Boulder-Projekt »bright site« mitten im Schöneberger Naumannpark, dem wohl buntesten Gewerbegebiet Berlins. Zwischen Indoor-Golf, Bauunternehmen, Künstlern und Haarwerkstatt steht die Halle 10 offen für jeden, der das Klettern ohne Seil kennenlernen oder auch professioneller betreiben möchte.

Von der Naumannstraße geht man durch den Eingang gegenüber der Nummer 34, geradeaus weiter bis zur nächsten Straße, dann rechts. Die Halle 10 befindet sich anschließend auf der linken Seite. Wer von der Wilhelm-Kabus-Straße kommt, biegt in die Einfahrt bei der Nummer 42/44 und läuft an der nächsten Straßenecke nach links bis zur Halle 10. Bunt gemischt tummeln sich hier Vertreter aller Altersstufen.

Beim Eintreten erschnüffelt die Nase: Schweiß. Die Routen werden hier hart erarbeitet. Die meisten Leute stehen in kleinen Grüppchen, die sich je eine oder zwei Routen teilen. Abwechselnd wird geklettert, wer nicht weiterweiß und ratlos an der Wand hängt, bekommt Tipps. Ausdauernd werden die Routen begutachtet und diskutiert.

Die große Fensterfront zieht sich fast komplett um die Halle. An den weißgetünchten Mauerseiten gibt es verschiedene Trainingsmöglichkeiten, in der Mitte des hellen, 800 Quadratmeter großen Raumes stehen die abwechslungsreichen, zum Teil überhängenden Boulderwände. Boulderhaken sind von jeder Seite und für jeden Schwierigkeitsgrad angeschraubt, Regenbogenfarben geben den Schwierigkeitsgrad an. Wer sich nicht aus-

Bouldern und Genuss: An der Halle angegliedert sind ein Café und ein kleiner Biergarten.

kennt, fragt einfach den Nebenmenschen oder besucht samstags einen Schnupperkurs. Anfänger- und Fortgeschrittenenkurse finden regelmäßig statt. Für Kinder gibt es sogar einen eigenen kleinen Bereich, aber auch in der großen Halle sind spezielle Kinderrouten angebracht. Im großzügigen Außenbereich stehen ebenfalls mehrere Kletterwände nebeneinander, die regelmäßig neu geschraubt und ergänzt werden. Die Betreiber, selbst Boulderer, erfinden immer wieder neue Strecken - man merkt, dass hier mit viel Liebe zum Sport gearbeitet wird.

Der gemütliche Biergarten lädt dazu ein, bei Bio-Tee und einem Stück Quiche aus dem kleinen Bistro den anderen beim Bouldern zuschauen. Die kleinen Snacks werden von einem Café in der Nähe hergestellt, mit dem das Boulder-Projekt zusammenarbeitet.

FAZIT: BOULDERN BEI SONNENSCHEIN, DRINNEN UND DRAUBEN.

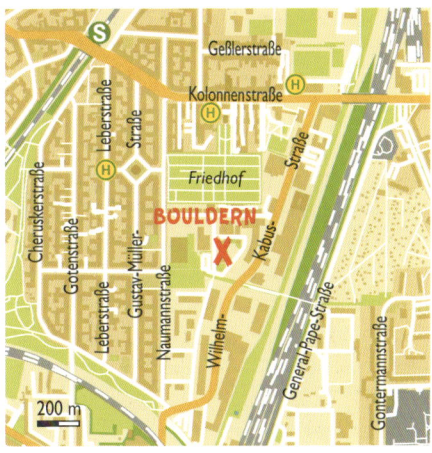

Hin & Weg: Mit der S1 bis Julius-Leber-Brücke und 10 Min. laufen, oder zum S-Bahnhof Südkreuz und 15 Min. laufen, oder mit dem Bus 204 (vom Zoo) bis Leuthener Straße.

Beste Zeit: Durchgehend das ganze Jahr. Wer den schönen Biergarten nicht verpassen möchte, wählt einen Sommertag. Aktuelle Öffnungszeiten und weitere Infos auf www.boulder-project.de

Dauer: Nach Gusto zwischen 2 und 6 Std.

Ausrüstung: Vor Ort gibt es alles, was man braucht, aber eigene Kletterschuhe darf man selbstverständlich mitbringen.

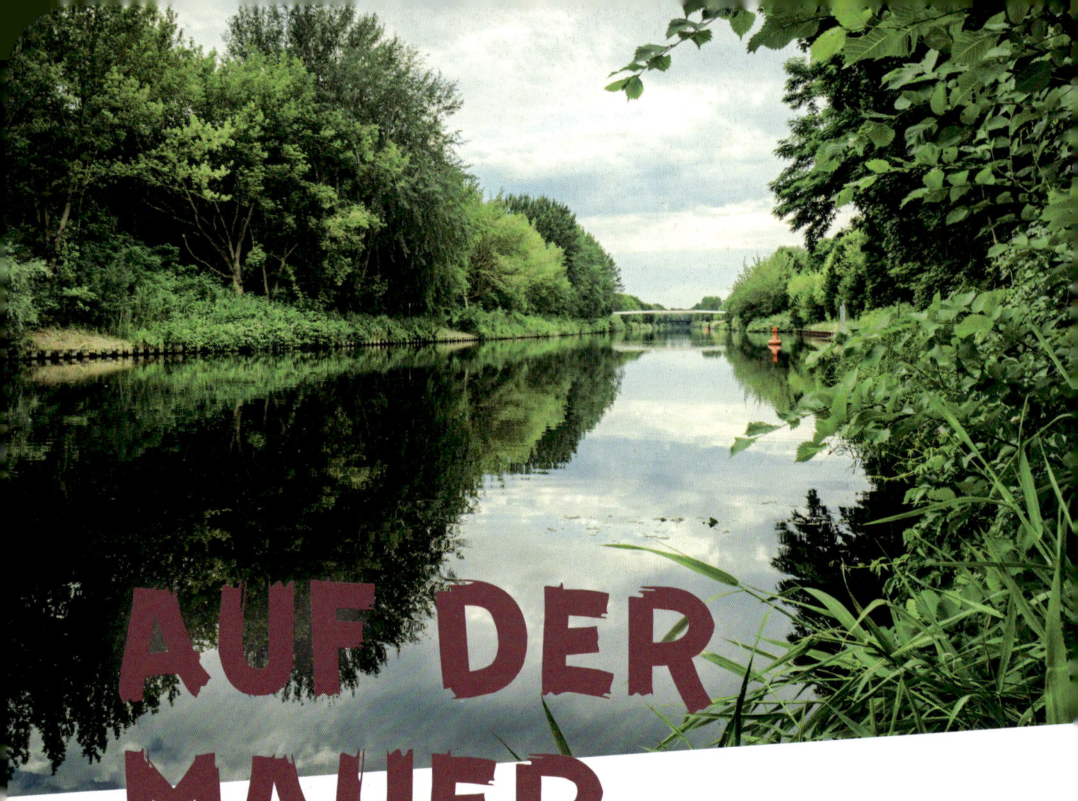

AUF DER MAUER …

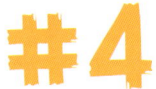

… mit dem Fahrrad auf dem südlichen Mauerweg

#4

Der Mauerweg lohnt für lange wie für kurze Ausflüge. Einer der schönsten Abschnitte befindet sich zwischen Zehlendorf/Kleinmachnow und Lichtenrade. Diese 22 Kilometer lange Strecke gen Osten ist sehr abwechslungsreich, es lohnt sich, etwas langsamer zu fahren.

#fotogen #historischerOrt #Fahrradausflug #amWasser

Die Tour beginnt südlich des Mauerweges mit Straße, Schotter und Pflaster. Sobald man auf dem offiziellen Mauerweg ist, hat man fast durchgängig einen reinen Fahrradweg.

Der Startpunkt, der S-Bahnhof Griebnitzsee, liegt ein paar Kilometer vom Mauerweg entfernt. Mit dem Rad kommt man so hin: Vom Bahnhof aus über das Gelände der Universität Potsdam bis zur Stahnsdorfer Straße fahren, links abbiegen und die Bahngleise überque-

ren, dann an der Bernhard-Beyer-Straße links halten. Nach etwa einem Kilometer wird die Straße zum Königsweg. Nach 200 Metern rechts in die Machnower Straße einbiegen, 100 Meter weiter links in das Kremnitzufer. Ab jetzt geht's etwa vier Kilometer direkt am Teltowkanal entlang durch die schöne Kanalaue Stahnsdorf.

Erster Stopp ist die Schleuse Kleinmachnow, über 100 Jahre alt und immer noch in Be-

trieb. Neben der Schleuse steht ein Waggon der alten Straßenbahnlinie 96, die bis in die 1960er-Jahre hier fuhr. Weiter geht es rechts am Wasser die teils unbefestigte Allee am Forsthaus entlang zum Machnower See. Am Ende des Sees, auf dem Zehlendorfer Damm, links über die Brücke fahren und dem Kanal auf der linken Seite folgen. Dann links in den

Im Herbst besonders schön: der Machnower See.

Erlenweg biegen und auf diesem das Augustinum umfahren. Der Erlenweg macht eine Kurve nach rechts und gleich nach 200 Metern wieder einen Rechtsknick. Von hier aus führt ein kleiner Weg geradeaus direkt wieder an den Teltowkanal auf den gut ausgeschilderten Mauerweg.

In regelmäßigen Abständen erinnern Stelen daran, was hier an der früheren Grenze passierte. Bänke laden zum Pausieren ein, an einigen Stellen kann man das abschüssige Ufer hinunterlaufen und die Füße ins Wasser strecken. Der Mauerweg führt dann weiter zur Lichterfelder Allee, wo in einem Supermarkt die Wasservorräte aufgefrischt werden können.

Von dort geht es auf dem Grünstreifen durch die Allee der Japanischen Kirschbäume. Ende April/Anfang Mai ist die Gegend zur Baumblüte in leuchtendes Rosa getaucht. Die Bäume wurden einst von Bürgern Japans gespendet – aus Freude über die Wiedervereinigung.

Nun geht es durch einen Birkenwald, dann an Feldern und Feldwegen entlang, die schöne Ausblicke bieten. Nach der Marienfelder Allee noch einen Kilometer im Grünen geradeaus fahren und sich links halten. Neben einem Parkplatz führt der Schichauweg direkt zur S-Bahn-Station Schichauweg.

Tipp: Wer die Strecke um acht Kilometer abkürzen möchte, startet am S-Bahnhof Zeh-lendorf, fährt auf die Machnower Straße bis zum Zehlendorfer Damm und biegt dort links in den Mauerweg ein. Geht schneller, ist aber nicht so schön.

FAZIT: DIE SCHÖNSTE ART, DEN MAUERWEG KENNENZULERNEN.

Hin & Weg: In einer halben Stunde mit der S1 von der Friedrichstraße zum S-Bahnhof Zehlendorf. In knapp 20 Min. ab S-Bahnhof Schichauweg wieder mit der S1 zurück.

Beste Zeit: Im Frühling zur Kirschblüte (April/Mai) oder im farbenreichen Herbst.

Dauer & Strecke: 2 bis 3 Std., ca. 22 km.

Ausrüstung: Fahrrad; Verpflegung und Wasser.

FROSCH- KONZERT MIT KUCHEN

... im Botanischen Volkspark Pankow

Der Botanische Volkspark in Pankow, einst der größte Schulgarten Berlins, befindet sich auf einem ehemaligen Rieselfeld an der Blankenfelder Chaussee und geht direkt in den Naturpark Barnim über, was das Spazierengehen besonders reizvoll macht. Man kann entweder eine kleine Runde drehen oder endlos weiterspazieren. Und am Wochenende öffnet im Gewächshaus ein Café mit leckerstem Kuchen und Kaffee.

Der Eingang vom Park direkt gegenüber der Bushaltestelle wirkt recht unspektakulär und das hohe, verwitterte Schild übersieht man fast. Direkt hinter dem weit offenen Tor steht ein kleiner Automat, an dem der Eintritt entrichtet wird: Ein Euro, bitte passend, denn auf andere Münzen lässt der Automat sich einfach nicht ein.

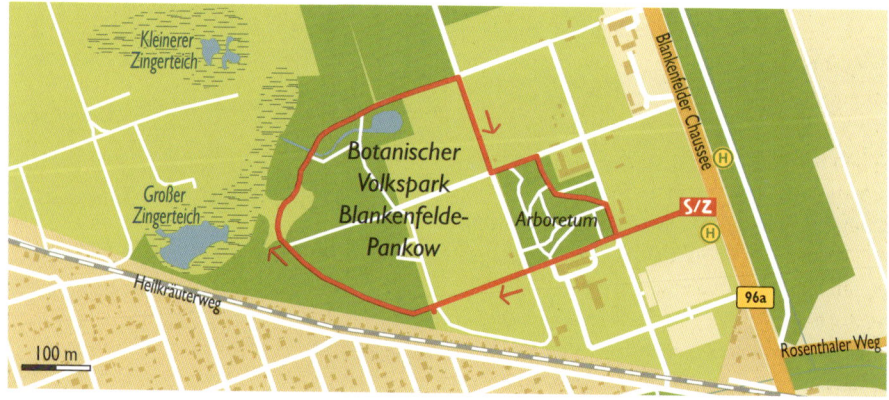

Im 30 Hektar großen Park befinden sich auch mehrere Seen. Das Gewächshaus beherbergt neben den tropischen Pflanzen auch ein Café.

Der Weg in den Park hinein wird von Stauden und Hecken gerahmt, und der Blick fällt sofort auf die beeindruckenden Gewächshäuser aus den 1920er-Jahren – denkmalgeschütztes Herzstück des Parks.

Von Freitag bis Sonntag öffnet mitten im Gewächshaus das Café mint. Hier gibt es leckeren Kuchen nach englischer Tradition und sehr guten Kaffee.

Am besten erst einmal einen Blick hineinwerfen und je nach Besucheransturm entscheiden, ob man sofort ein paar Scones knabbern möchte. Vor allem an Sonntagen kann es hier schon einmal voll werden, aber die Bedienungen sind schnell, und die Wartezeit lässt sich gut mit dem Bewundern einzelner Pflanzen oder einer Runde durch den Park überbrücken. Auf dem 30 Hektar großen Gelände gibt es viel zu entdecken: Ein Waldstück und zwei Naturteiche warten darauf, erkundet zu werden. Auf dem kleinen Flüsschen, das sich durch den hinteren Parkteil zieht, gleitet eine Schwanenfamilie selig vorbei, und die Frösche geben die Hintergrundmusik dazu.

Neben einem schönen alten Wirtschaftshof summen ein paar Bienenvölker. Auch Wildgehege, Obstbaumalleen und ein Arboretum sind vorhanden. Zudem gibt es Bauerngärten, an denen man sich beteiligen kann, Imkerkurse und mehr. Dank der wunderschönen Atmosphäre in den Gewächshäusern lohnt sich ein Besuch selbst an verregneten Tagen.

FAZIT: WUNDERBARER SPAZIERGANG MIT DER OPTION AUF EINEN KUCHEN.

Hin & Weg: In 50 Min. vom Zoo mit der U2 bis zur Endhaltestelle S+U Pankow, von dort weiter mit dem Bus 107 Richtung Schildow, Kirche bzw. Hermsdorf. Der Parkeingang befindet sich an der Blankenfelder Chaussee 5.

Beste Zeit: Ganzjährig für den Park; das Café ist von Februar bis November geöffnet (www.cafe-mint.de).

Dauer & Strecke: Nach Gusto; eine komplette Runde durch den Volkspark sind ca. 2 km.

Ausrüstung: Luftige Kleidung, die Gewächshäuser sind im Sommer sehr warm. Kleingeld für den Parkeintritt.

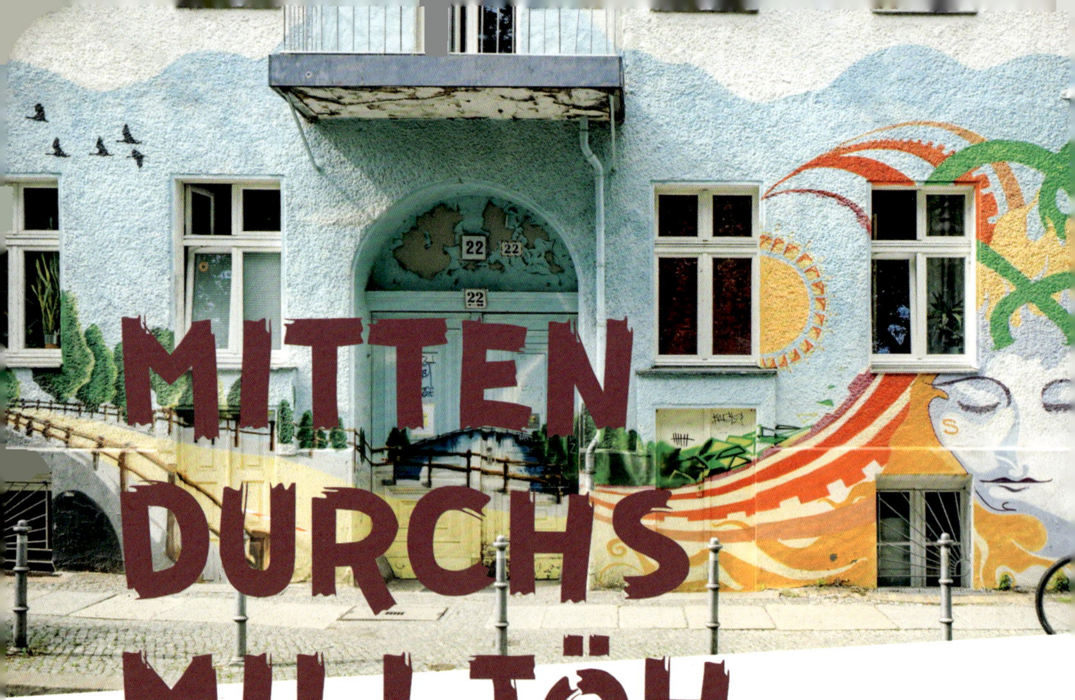

MITTEN DURCHS MILLJÖH

… am Landwehrkanal mitten durch die Stadt

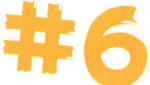

#6

Manchen soll es immer noch verborgen geblieben sein: Berlin ist eine der grünsten Städte Deutschlands und hat mehr Brücken als Venedig. Was bietet sich daher im Sommer besser an als ein Stadtspaziergang am Wasser? Zum Beispiel vom Prinzenbad durch Kreuzkölln zum Schleusenufer, vorbei an Uferwiesen, schönen Altbauten und bunt bemalten Häusern.

#Stadtnatur #amWasser #Sommerspaziergang #Livemusik

Die Spree ist jedem Touristen ein Begriff. Dass sich der perfekte Sommerspaziergang aber eher am Landwehrkanal entlang anbietet, wissen nur Berlin-Insider.

Los geht's am U-Bahnhof Prinzenstraße: Die mehrspurige Straßenkreuzung, die oberirdische U1 und das Prinzenbad dröhnen gleichzeitig ins Ohr, doch schon nach 200 Metern, am Landwehrkanal angekommen, wird es ruhiger, und der Schritt entschleunigt sich: Zeit für ein Eis vom Eiswagen, der hier an sommerlichen Tagen steht. Der Weg führt über die Brücke nach links am Ufer entlang gen Osten.

Vorbei geht es jetzt am Restaurantschiff »Van Loon« und am Urban-Krankenhaus – der beste Platz, um sich auf der Wiese ein paar Sonnenstrahlen abzuholen und die Füße ins Wasser zu halten. An schönen Tagen tummelt sich hier die Vielfalt Kreuzbergs, Schlauchboote treiben im Wasser, denn hier kommen nur wenige Schiffe vorbei. Die Stimmung ist heiter, lediglich ein paar um Brot bettelnde Schwäne müssen hie und da vertrieben werden.

Wenige hundert Meter weiter am Planufer entlang erreichen wir die Admiralsbrücke: Abends spielen hier oft Musiker. Bei Gitar-

Warum Berlin eine »Wasserstadt« ist, wird bei diesem Spaziergang entlang des Landwehrkanals deutlich.

schönsten Altbauten entlang. An der Kottbusser Brücke lädt die altgediente Ankerklause zu einem Bier ein. Von außen unscheinbar, drinnen herrscht jedoch eine gemütliche und etwas altbackene Hafenkneipenatmosphäre, es gibt auch ein paar Außentische mit Blick aufs Wasser.

Weiter geht's auf der anderen Straßenseite zum Paul-Linke-Ufer. Hier ist es grüner und der Weg abwechslungsreicher. Auf der Uferbefestigung lassen Berliner die Beine baumeln, lesen oder treffen sich zum Klönen.

Der Uferweg endet an den Boule-Plätzen, die an guten Tagen stark frequentiert sind, oft von Franzosen. Beinahe wähnt man sich im Urlaub! An der Ratiborstraße dann links abbiegen, danach gleich hinter dem großen Backsteinhaus nach rechts in den Weg hinein, der mit einer Linksbiegung zurück zum Was-

renmusik und Trommeln sitzt es sich dort unglaubliche entspannt. Das Il Casolare gegenüber bietet beste Pizza bei original lebhafter Italien-Atmosphäre. Weiter geht es an der gleichen Uferseite unter Kastanien an den

ser führt. Hier ist es, das »Dreiländereck« von Kreuzberg, Neukölln und Treptow. Von hier aus geht es weiter am Wasser entlang nach Norden, am Spielplatz und einem kleinen Park vorbei bis zur Schlesischen Straße. Dann über die Brücke nach rechts gehen bis zum Flutgraben.

Hier kann man das Ende der Tour in einem der Restaurantclubs am Wasser feiern. Wer gemütlich zu alternativer Musik chillen möchte, hält sich links Richtung Freischwimmer, Elektro-Liebhaber gehen gegenüber in den Club der Visionäre.

Wer Erfrischung sucht und eine Badehose dabeihat, kann auch einfach weiter bis zum Badeschiff an der Spree laufen.

FAZIT: ENTSPANNTER STADTSPAZIERGANG DURCH DAS TYPISCHE KREUZKÖLLN MIT PERFEKTEM AUSKLANG IN DEN ABEND HINEIN.

Hin & Weg: Start am U-Bahnhof Prinzenstraße (U1), zurück vom Schlesischen Tor (U1).

Beste Zeit: Sommer. Öffnungszeiten der Restaurant-clubs auf www.freischwimmer-berlin.com und www.clubdervisionaere.com. Teilweise muss hier vorab ein Tisch gebucht werden. Für das Badeschiff unter www.arena-berlin.de (Locations) schauen.

Dauer & Strecke: 1 bis 2 Std., ca. 4 km

Ausrüstung: Bargeld für Eis und Einkehr, Strand-tuch zum Hinsetzen, ggf. Badehose für das Badeschiff.

STRAND UNTER PALMEN

... am Weißen See

#7

Ein Strandbad auf der einen Seite, eine Bar auf der anderen, dazwischen ein kleiner See mit viel Grün drumherum, auf dem sich Berliner Gemütlichkeit tummelt – der Weiße See in Pankow ist eigentlich gar nichts Besonderes und genau deshalb so charmant.

Wer nur auf der Terrasse sitzen möchte, zahlt tagsüber keinen und abends nur einen kleinen Obolus.

Der Weiße See hat eine entzückende Fontäne in der Mitte und ist ganz schön tief, mehr als neun Meter. Vom Startpunkt, der Haltestelle Indira-Ghandi-Straße, geht's erst einmal in einem Bogen durch das Ampelgewirr zum überschaubaren See. Eine Treppe führt hinunter. Die vielen Bäume bieten Schatten, und auf dem abschüssigen Grün kann man sich herrlich sonnen und chillen. Der Freikörperkultur wird ab und an gefrönt, hier stört sich niemand daran. Einige Hunde laufen frei herum, es ist dennoch möglich, quer über die Rasenflächen zu gehen, ohne in Hinterlassenschaften zu treten – der Park rund um den Weißen See ist für Berliner Verhältnisse sehr sauber. Ein Spazierweg lädt zu einer gemütlichen Runde um den See ein, am besten links herum in Richtung Milchhäuschen laufen. Auch schön: weiter oberhalb, wo gepflegter Rasen und bunte Rabatten mit Sonnenhut und anderen Blumen

einen schönen Ausblick über den See bieten. Der charmante alte Schriftzug des Restaurants Milchhäuschen prangt über der Terrasse am Seeufer, man hat von hier tagsüber einen schönen Blick. Der DDR-Touch der Einrichtung mag seinen Charme haben, das schönere Ambiente bietet das Strandbad gegenüber.

Geplanscht werden darf hier überall. Wer das lieber vom Sand aus tun mag oder sich nach einer Erfrischung sehnt, läuft weiter am See entlang bis zum Strandbad Weißensee, dessen weiße Buchstaben ebenfalls schon von Weitem grüßen. Für die Nutzung der gemütlichen Terrasse wird bis 19 Uhr kein Eintritt verlangt, aber auch danach ist das kleine Eintrittsgeld den Sonnenuntergang unter den Topfpalmen bei einem Aperol Sekt wirklich wert. Dazu gibt es vegetarischen Flammkuchen oder auch ein Steak. Wer den Sand be-

tritt und baden möchte, zahlt den normalen Eintrittspreis.

Übrigens: Der nahegelegene Orankesee mit seinem hübschen Strandbad und den empfehlenswerten Orankesee-Terrassen ist ebenfalls ein schönes Ziel und nur einen kurzen Fußmarsch entfernt. Einfach Navi einschalten und weiterlaufen.

Hin & Weg: Der einfachste Weg ist, mit der Tram M4 vom Alexanderplatz oder der M12 vom Bahnhof Friedrichstraße zu kommen, die beide direkt am Park Ecke Berliner Allee/Indira-Ghandi-Straße halten.

Beste Zeit: Sommer, Sonne, Sonnenschein.

Dauer & Strecke: 20 Min. um den See (ca. 1,5 km), solange man möchte im Strandbad.

Ausrüstung: Badetuch und Badehose, falls man das Strandbad besuchen möchte.

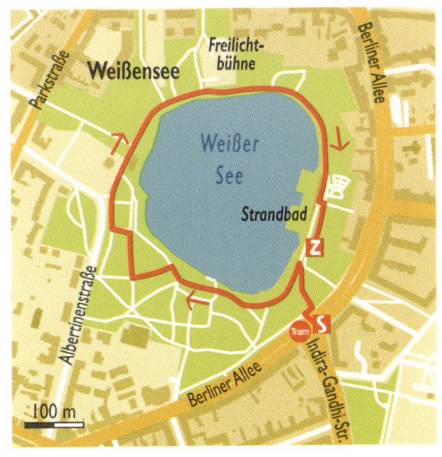

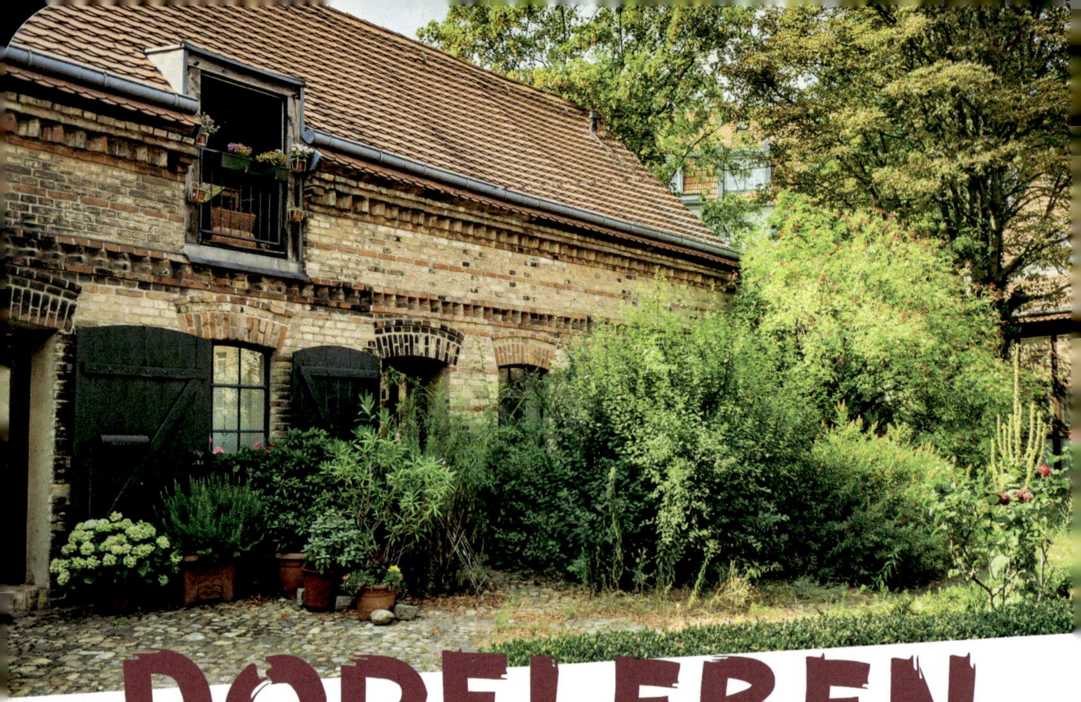

DORFLEBEN

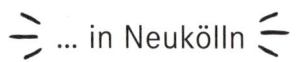

... in Neukölln

#8

Rixdorf, ein um 1200 von Tempelrittern gegründetes Dorf, liegt heute mitten im Neuköllner Schmelztiegel der Kulturen mit einer bereits jahrhundertelangen Geschichte der Migration, denn seit dem 18. Jahrhundert lebten hier böhmische Glaubensflüchtlinge. Der alte Dorfcharakter hat sich wunderbarerweise erhalten.

#Migrationsgeschichte #DorfinderStadt #Stadtgeflüster

Wer an einem heißen Tag durch die Karl-Marx-Straße in Neukölln läuft, fühlt sich ein wenig wie in Klein-Istanbul. Nicht nur leben hier viele Menschen aus unterschiedlichen Kulturkreisen auf kleinem Raum, inzwischen kommen gerade wegen der Internationalität auch viele Touristen. Wer auf der Suche nach Ruhe ist, geht am besten auf Zeitreise ins alte Rixdorf.

Los geht's bei der Karl-Marx-Straße 131. Den Hof der Neuköllner Oper durchqueren und nach rechts in die Richardstraße abbiegen. Schon breitet sich himmlische Ruhe aus. Bei der Nummer 100 lohnt ein Kaffee im bezaubernden Garten des Café Botanico zur Einstimmung. Die ersten zweigeschossigen,

alten Wohnhäuser tauchen nun auf und es geht links in den Jan-Hus-Weg und dem Knick folgend nach rechts in die schmale Kirchgasse. Man reibt sich verwundert die Augen: Ist das hier noch Neukölln? Kopfsteinpflaster, alte Laternen, schmucke, kleine Häuser mit blumenbestückten Vorgärten stehen hier, sogar die alten Ställe sind erhalten und dienen heute als Garagen.

Am Ende der Kirchgasse thront Friedrich-Wilhelm I. auf einem kleinen Dorfplatz. 1737 ließ er »Böhmisch-Rixdorf« für die verfolgten protestantischen Böhmen bauen und verhalf ihnen so zu einer neuen Zukunft. Nebenan steht das alte Schulhaus aus dem Jahr 1753

mit Spalierbirnen an der Hauswand, das heute ein Museum beherbergt.

Hier geht's nun rechts durch ein kleines Tor in der Backsteinwand und über einen Trampelpfad in den alten Streuobstgarten, heute gemeinschaftlicher Garten und Nachbarschaftsprojekt mit Tomaten, Zucchini und Roter Bete. Nach der Pause rechts den kleinen Weg Richtung Richardplatz gehen. Die hier stehenden restaurierten Ställe und Wirtschaftsgebäude wurden zu Wohnungen umgebaut und lassen echtes Dorf-Feeling aufkommen.

Durch ein hölzernes Tor geht es nun auf den alten Dorfanger mit der immer noch aktiven Schmiede aus dem 17. Jahrhundert. Gegenüber erinnert ein Glaskasten an den Familienbetrieb Schöne mit dessen Kutschfuhrpark.

Zu besonderen Anlässen klappern immer noch Pferdehufe über den Richardplatz. An der Richardstraße ein Stück nach Norden liegt der öffentliche Comenius-Garten, der zu Ehren des tschechisch-evangelischen Pädagogen Johann Amos Comenius 1992 angelegt wurde und einen Rundgang lohnt. Zum Eintreten einmal den Summer betätigen.

Zurück zur Karl-Marx-Straße geht es über den Karl-Marx-Platz. Wer noch ein bisschen chillen möchte, kann das im Körnerpark tun, einer 100 Jahre alten, denkmalgeschützten Parkanlage im neobarocken Stil mit prächtiger Terrasse und Orangerie. Auf dem Rasen darf gepicknickt werden. Zurück in der Karl-Marx-Straße bei der Nummer 141 stoppen: Im Hinterhof befindet sich eines der ältesten Bauwerke von Rixdorf, der Saalbau Neukölln,

Der Gemeinschaftsgarten an der alten Streuobstwiese lädt zu einer Pause ein. Etwas später stößt man auf den schon im vorletzten Jahrhundert berühmt-berüchtigten Saalbau Neukölln, heute »Heimathafen«.

erbaut 1876, heute Sitz des »Heimathafen Neukölln«, ein von einem Theaterkollektiv gegründeter Kulturraum mit dem Café Rix. Heute wie damals kommen hier Menschen aus verschiedenen Kulturen zusammen, um sich auszutauschen und zu feiern.

Tipp: Der Verein kulturbewegt e. V. bietet eine Rixdorfer Tour mit Hintergründen zu Neuköllns Migrationsgeschichte an.

Hin & Weg: U-Bahnhof Karl-Marx-Straße.

Beste Zeit: Jederzeit, besonders schön sind die Gärten im Sommer. Für eine Führung die Tour 44 bei kulturbewegt e. V. buchen: www.route44-neukoelln.de

Dauer: 1 bis 2 Std., ca. 3 km.

Ausrüstung: flache Schuhe wegen des Kopfsteinpflasters.

FAZIT: ENTSPANNTER DORFRUNDGANG MITTEN IM EHER STRESSIGEN NEUKÖLLN.

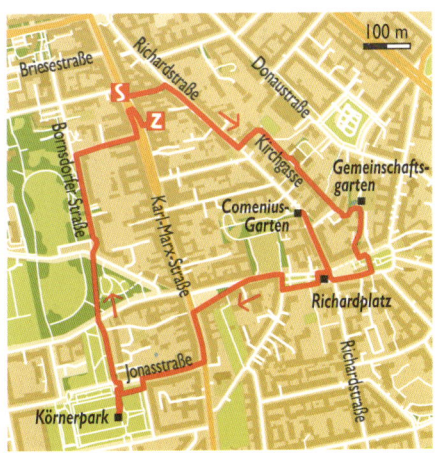

WASSER-FREUDEN

⋛ ... auf der Spree ⋚

Um den berühmten Molecule Man mitten in der Spree zu bewundern, kann man am Ufer zwischen der Arena und dem Treptower Park entlangflanieren. Noch schöner geht das Erkunden aber vom Wasser aus. Der Abschnitt zwischen Oberbaumbrücke und Rummelsburger See ist dafür hervorragend geeignet. Für den wassersportlichen Zugang sorgen SUPs, Tretboote oder Kajaks.

Toller Blick auf Berlin: vorne die Oberbaumbrücke, hinten der Fernsehturm.

punkt der drei Bezirke Kreuzberg, Alt-Treptow und Friedrichshain markiert. Hier kommen einem nicht nur Kajaks und Ausflugsschiffe entgegen, sondern auch regelmäßig Gruppen von Stand-up-Paddlern. Ein Sport-Club hat sich hier angesiedelt, im Sommer üben sie jeden Abend ab 17 Uhr.

Das ein oder andere rostige und nicht mehr fahrbare Schiff liegt hier auch herum: Auf der linken Uferseite die »MS Hoppetosse«, Club und Gaststätte in einem. Daneben, nicht zu übersehen, das Badeschiff, die chillige Strand-bar mit in die Spree eingelassener Riesenba-dewanne. Auf der rechten Uferseite reiht sich spannende alte und neue Architektur. Gerade-aus sieht man bereits die Oberbaumbrücke, bei guter Sicht dahinter auch den Fernseh-turm. Hinter dem Badeschiff biegt links der schmale Flutgraben ab. Mit einem Kajak kann man hier locker anlegen und im Freischwim-mer (www.freischwimmer-berlin.com) oder Club der Visionäre (www.clubdervisionaere.com) einkehren. Insbesondere die Küche des Frei-schwimmer ist sehr zu empfehlen. Keine Sor-ge, Besuch vom Wasser kommt hier häufiger, man wird nicht komisch angeschaut.

Danach kann man noch ein Stück weiterpad-deln, unter der Oberbaumbrücke hindurch bis zum Holzmarkt und zur Jannowitzbrücke, die Gegend ist leider nicht gerade der schönste Spree-Abschnitt. Hinter der Jannowitzbrücke lockt das schöne Nikolaiviertel, wo man aller-dings schleusen muss. Für eine kürzere Tour vom Flutgraben einfach wieder zurückfahren

Los geht's im Treptower Park neben dem Zenner-Restaurant an der Abteibrücke. Die Anfahrt lässt sich bestens mit einem klei-nen Spaziergang vom S-Bahnhof Plänterwald durch den Treptower Park verbinden. Im Boot kann zuerst die kleine Insel der Jugend mit Inselgarten und Kulturhaus umrundet wer-den. Die Spree hoch geht's dann am Trepto-wer Park vorbei. Rechts liegt die Halbinsel Strahlau, die als die Wiege des deutschen Segelsports gilt. Auch heute noch liegen hier Segelboote und einige verträumte Hausboote. Beim Rudern gilt: immer schön an die Fahr-ordnung halten und auf größere Schiffe ach-ten, die hier natürlich Vorfahrt haben.

Hinter den S-Bahn-Brücken steht der gigan-tische, 30 Meter hohe Molecule Man, der im Mai 1999 installiert wurde und den Schnitt-

und hinter der Insel der Jugend links abbiegen in die schöne Rummelsburger Bucht. Dort lohnt die winzige Liebesinsel eine Umrundung, ein kleines Naturschutzgebiet mit vielen Vögeln. Wer möchte, kann noch einen ausgedehnten Spaziergang in den Plänterwald anhängen.

Hin & Weg: Vom Alexanderplatz in 20 Min. mit der U5 bis Frankfurter Allee und weiter mit der S-Bahn bis zum S-Bahnhof Plänterwald.

Beste Zeit: Mai bis September

Dauer & Strecke: 2 Std., davon 1,5 Std. paddeln und 30 Min. einkehren, ca. 6 km auf direktem Weg hin und zurück.

Ausrüstung: Bequeme Kleidung und Schuhe, ggf. Wechselkleidung. Stand-up-Paddle-Boards kann man sich bei www.standupclub.de ausleihen.

FAZIT: DIE WOHL ERFRISCHENDSTE ART, BERLINS HIPPSTE ECKE ZU ERKUNDEN.

FILM AB!

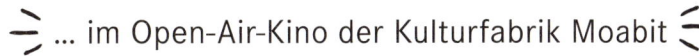

‑> ... im Open-Air-Kino der Kulturfabrik Moabit <‑

#10

Laue Sommernächte und Open-Air-Kino, das gehört einfach zusammen. Beim Filmrauschpalast sitzt man wie in Omas Garten – Großstadtromantik inklusive. Früher kommen lohnt sich, so bleibt ausreichend Zeit für einen Gartenspaziergang und eine Zeitreise in die 1980er-Jahre.

Nur etwa 15 Gehminuten sind es vom Hauptbahnhof zum alten 1911 erbauten Gebäude, das einst Fleischerei, später Keksfabrik war und heute als das Kreativhaus in Moabit gilt.

Wer ein bisschen Muße mitbringt, macht vom nördlichen Ausgang des Hauptbahnhofs noch einen Schlenker über den Geschichtspark Zellengefängnis Moabit. Der Eingang ist von der direkt am Bahnhof verlaufenden Invalidenstraße aus gar nicht so einfach auszumachen, denn er sieht aus wie eine Zellentür mitten in der großen Backsteinmauer. Am besten erkennt man ihn durch einige kleinere Tafeln, die die Geschichte des Parks erzählen. Die ehemalige Haftanstalt aus den 1840er-Jahren galt als Mustergefängnis, weil die Gefangenen in Einzelzellen untergebracht waren. Der Park selbst ist weitläufig und schirmt durch die hohe Mauer den lauten Verkehr ab. Die große Wiese und einige Bäume laden zum picknicken und sporteln ein. Am nördlichen Ende des Parks den Ausgang zur Lehrter Straße nehmen und dieser nach Norden bis Haus Nr. 35 folgen, zur Kulturfabrik. Hinein geht's einfach geradeaus in den Garten, wo man bereits die Kinoleinwand sieht. Ein Sammelsurium an alten Stühlen zwischen vielem Grün lädt zum Sitzen ein.

Als das Gebäude in den 1980er-Jahren zu verfallen drohte, engagierte sich eine Bürgerinitiative und mehrere Vereine wurden gegründet. Heute herrscht reges Leben in der Kulturfabrik, regelmäßig gibt es hier Ausstellungen, Konzerte und Theaterstücke. Unbedingt genügend Zeit für einen Spaziergang im Garten und eine Hausbesichtigung einplanen. Im gemütlichen

Den unregelmäßigen Lärm der Züge hinterm Garten nimmt man am besten so wie Berlin: locker.

an die Westberliner 1980er-Jahre erinnernden Café im ersten Stock lässt es sich bei einer Bionade wunderbar in alten Büchern und Zeitschriften stöbern. Und dann geht's zum Filmrauschpalast. In den Sommermonaten bieten die Macher die Filme »umsonst & draußen« im Garten an. Die Vorführung startet, wenn es dunkel ist – in der Regel gegen 22 Uhr. Gezeigt werden meist international ausgezeichnete Filme mit sozialkritischem Hintergrund, häufig im Original mit Untertiteln.

Im Garten herrscht echte Großstadtromantik: immer mal wieder rauscht ein RE oder ICE auf den direkt hinter dem Garten liegenden Bahngleisen vorbei. Während der Vorführung geht ein Hut herum, die Kulturfabrik bittet um Spenden, um die Veranstaltung selbsttragend zu finanzieren (www.kulturfabrik-moabit.de).

FAZIT: OPEN-AIR-KINO MIT ENTSPANNTER WOHNZIMMERATMOSPHÄRE.

Hin & Weg: Vom Hauptbahnhof die Lehrter Straße nach Norden bis zur Nr. 35 laufen und dann geradeaus durch die Höfe.

Beste Zeit: Juni bis September, jeweils am Freitag und Samstag. Das aktuelle Kinoprogramm gibt's auf www.filmrausch.de. Bei schlechtem Wetter wird der Film drinnen gezeigt.

Dauer: 2 bis 3 Std.

Ausrüstung: Mückenschutz und Decke, um es sich auf den einfachen Stühlen etwas bequem zu machen. Getränke gibt es günstig vor Ort, Essen darf mitgebracht werden.

SPAZIER-GANG FÜR FAULE

... in der Fahrrad-Rikscha durch den Tiergarten

In einer original aus Shanghai importierten Rikscha auf einem Schaffell sitzend durch den Tiergarten kutschiert werden? Klingt erst mal extrem touristisch, ist aber ein echter Geheimtipp, denn auf dieser Tour wird man nicht nur herumgefahren, sondern bekommt eine richtig gute Stadtführung mit vielen Insider-Infos. So erfährt man endlich auch, warum mitten im Tiergarten eine Dusche steht.

#Insidertour #FloraundFauna #KlatschundGeschichten

Der Tiergarten ist eineinhalbmal größer als der berühmte Central Park in New York City. Ein Besuch lohnt sich, am besten mit einem kundigen Guide.

Helmut Millan besitzt mittlerweile über 30 Rikschas und manchmal sitzt er auch selbst auf dem Rad, so wie heute. Treffpunkt ist die alte Ampel auf dem Potsdamer Platz. Schwungvoll tritt der Rikscha-Importeur in die Pedale. Er sei einer der ersten gewesen, die dieses Rikscha-Ding eingeführt hätten, erzählt er, und ist ein bisschen stolz darauf.

Mittlerweile verbindet er die Fahrten mit einer Stadtführung und achtet darauf, dass er die Vorlieben seiner Kunden trifft. Flora und Fauna, Geschichte, etwas Klatsch und Tratsch – heute wird es eine bunte Mischung. Am ehemaligen Lenné-Dreieck erzählt der Unternehmer, wie das damals war, als ein Teil der Besetzer in den Osten „rübermachte" und von der Stasi mit Fahrscheinen ausgestattet wieder in den Westen geschickt wurden. Eine wilde Zeit, sagt er grinsend.

Nach wenigen hundert Metern erreicht die Rikscha das dichte Grün des Tiergartens und bleibt vor der Luiseninsel stehen.

Ein Querschläger aus dem Zweiten Weltkrieg? Helmut Millan vermutet das jedenfalls.

vermutlich wurden sie hier ausgesetzt. Aber auch heimische Arten haben sich hier wieder angesiedelt, obwohl der Tiergarten nach dem Krieg fast komplett abgeholzt war. Die Berliner brauchten das Holz zum Heizen und die Fläche für Gemüse- und Tabakanbau. Alte Bäume gibt es daher nur noch sehr wenige, natürlich kennt der gebürtige Schwabe Millan jeden einzelnen und vermutet den einen oder anderen Granatsplitter aus Kriegszeiten im Gehölz. An Ginkgos, amerikanischen Eichen, Redwoods und Mirabellenbäumen vorbei geht es zum Findlingsgarten. Riesige Steine stehen da mitten auf der Wiese herum. Gegenüber der »Taschentuchbaum«. Er sieht im Frühjahr aus, als habe ihn jemand mit Taschentüchern überzogen. Skurrile Flora mitten in Berlin.

Das Teehaus im Englischen Garten hat Löcher im Dach, damit sich der Marder nicht mehr unkontrolliert seinen Weg durch das Reet bahnt. Gustav Gründgens lebte hier, aber wegen seiner NS-Vergangenheit wird nicht offiziell daran erinnert. Die Rikscha fährt an

Der Tiergarten ist artenreicher, als man vermuten mag. Selbst Schildkröten leben hier. Der Guide zeigt auf das Ufer der winzigen Insel, und tatsächlich bewegt sich ein Panzer langsam vorwärts. Woher sie kamen, weiß niemand,

Statuen vorbei, zu jeder einzelnen kann Helmut Millan eine Geschichte erzählen. Er liebt seinen Tiergarten, so viel ist klar.

Von der Kaiserzeit zu Rosa Luxemburg bis in die Nachkriegszeit, überall erinnern Ecken im Tiergarten an die Geschichte. Im Vorbeifahren noch ein Blick zum Habicht-Horst. Ein Habicht? Hier im Tiergarten?

Die Zeit ist viel zu schnell um, noch einmal geht es am Dickicht blühender Rhododendren vorbei. Wo die Tour endet, da ist der Rikschafahrer flexibel.

Wer noch nicht genug hat, lässt sich in der Nähe der Siegessäule absetzen und steigt die 285 Stufen zu einem der besten Aussichtspunkte der Stadt hinauf.

FAZIT: DEN TIERGARTEN AUS EINEM GANZ NEUEN BLICKWINKEL ERLEBEN.

Hin & Weg: Treffpunkt am S-Bahnhof Potsdamer Platz an der alten Ampel. Zurück am besten mit dem 100er Bus, da ist die Bus-Stadtrundfahrt auch gleich noch inklusive (Haltestellen u. a. Haus der Kulturen der Welt, Brandenburger Tor, Unter den Linden, Berliner Dom, Alexanderplatz).

Beste Zeit: Frühjahr, Sommer oder Herbst, besonders schön, wenn der halbe Tiergarten voll blühender Rhododendren steht (Mai).

Dauer: Für 1 oder 2 Std. buchbar (www.berlin-rikscha-tours.de). Für die Siegessäule eine weitere Stunde einplanen.

Ausrüstung: Falls es kühler ist, eine Thermoskanne mit Tee; den Fotoapparat nicht vergessen und etwas Bargeld für die Siegessäule.

VILLAGE PEOPLE

 ... auf dem Holzmarkt an der Spree

#12

Aus einer der hässlichsten Ecken an der Spree wurde ein bunter Platz am Wasser für die neuen Hippies und Kreativen der Hauptstadt. Wer das »Dorf in der Stadt« verstehen will, sollte sich etwas Zeit nehmen, vielleicht zum Feierabendbier aus der Mikrobrauerei.

#Kunst #Biergarten #amWasser #gesellig #kreativ

Sonnenuntergang am Wasser
im Dorf in der Stadt.

Was ist eigentlich der Holzmarkt? Das Areal hinter der Jannowitzbrücke berherbergt eine quirlige Melange aus Club, Kita, Restaurant, Bars, Frisör, Bäckerei, ja sogar ein Marktplatz ist da. – Ein Dorf, mitten in der Hauptstadt, liebevoll »Le Dörf« genannt. Selbstbestimmt und genossenschaftlich soll es funktionieren.

Am besten schaut man selbst vorbei, um sich ein Bild zu machen. Vom U-Bahnhof Jannowitzbrücke geht es zwischen Tankstelle, Burger-

Braterei und Autowäsche zur Holzmarktstraße und dort nach rechts. Die Strecke ist wahrlich nicht schön und ziemlich laut. Bald aber gibt ein weißes Kunstwerk auf einer schwarzen Hauswand einen Hinweis, dass sich hinter den Holzwänden zur Spree hin mehr verbirgt als nur Materiallager und Schrottplätze. Der selbst gezimmerte Eingang ist nicht zu übersehen, Schilder kündigen Cafe, Spaß und Grill an. »Ein Märchenland mit vielen Gesichtern, Raum für Menschen aller Couleur, Platz für

55

Ideen und Einhörner, Träumereien, Fantasien und Hunde ohne Leine« wird neben an die Wand gemalten Blümchen versprochen.

Und dann: verwirrend schöne hippieske Architektur. Ein Bau wie Baumhaus und Designobjekt in einem. Dahinter führen Treppen einen Hügel hinunter, etwas entfernt grillen Menschen, gerade so durch die Büsche zu erkennen. Die Geländestruktur ist durch das viele Grün und die Topografie nicht sofort zu durchschauen.

Der Weg geradeaus führt zur Spreelunke, ein kreativer Bau aus alten Fenstern und Holzbrettern. Nach Feierabend ist hier auch unter der Woche viel los, Berlins alternative Kreativszene ist groß und auch unter Touristen hat sich der Holzmarkt als Tipp längst herumgesprochen.

Am besten ist der Holzmarkt wohl als »genossenschaftlich organisiertes alternatives Stadtquartier« beschrieben. Gebaut und am Leben erhalten durch eine Genossenschaft mit einem etwas komplizierten Finanzgeflecht, soll hier eine alternative Wirtschaft entstehen.

Ein Bäcker verwirklicht mit der Backpfeife seinen Traum vom Bio-Backladen. Die bunten Wohnungen und Räume rund um den Marktplatz sind teils Kita, teils zu mieten, und würde es keine Bauvorschriften geben, dann wären sie komplett aus Holz.

An der Spree sitzt man in der Pampa, einer Strandbar, in der auch Tanzkurse stattfinden. Das Publikum ist gemischt, man trinkt am liebsten Bionade oder BRLO, Bier aus einer Berliner Mikrobrauerei, und guckt den Spree-

Kunstobjekte an jeder Ecke und spannende Architektur – der Holzmarkt ist auch zum Gucken und Staunen geeignet.

schiffen zu. Oder gärtnert – das Dorf soll ja noch schöner werden. Am Marktplatz vorbei, ein bisschen weiter, lädt der Katerschmaus zum Dinner. Reservieren ist empfehlenswert, die sehr gute lokale Küche kommt an. Preise stehen zur Verunsicherung nirgendwo, es ist aber kaum teurer als durchschnittlich in Berlin.

Wer einfach nur so vorbeikommt, sollte erst einmal durch diese bunte Märchenwelt flanieren – und sich dann den besten Platz an der Spree ergattern für sein Feierabendbier.

FAZIT: PLATZ FÜR IDEEN, EINHÖRNER UND EIN ZISCHENDES FEIERABENDBIER MIT SPREE-BLICK ZWISCHEN HIPPIES UND KREATIVEN.

Hin & Weg: U- und S-Bahnhof Jannowitzbrücke.

Beste Zeit: An einem Sommerabend. Öffnungs-zeiten und Infos auf www.holzmarkt.com

Dauer: 1 bis 2 Std.

Ausrüstung: Bargeld für die Drinks.

VON GLEISEN UND ELFEN

 ... im Park am Gleisdreieck

#13

Nicht nur die alten Gleise kann man am Gleisdreieck bewundern: Zwischen Grünzeug, Riesenschaukeln und Skateboard-Halfpipes wurde eines der schönsten Stadterholungsgebiete errichtet. Grüne Wiesen, verwinkelte Wege und ein weiter Blick lassen einen die Großstadt fast vergessen.

#Stadtnatur #Spaziergang #Schaukeln #Elfen

Im Garten Rosenduft, einem nachbarschaftlichen Projekt, wird Obst und Gemüse gezogen.

Das Gelände um die Gleise zwischen Kreuzberg und Schöneberg ist kaum wiederzuerkennen, erinnert man sich an das Brachland, das hier noch vor 20 Jahren lag. Heute blühen Stauden in alten Gleisbetten, Menschen lachen in übergroßen Schaukeln oder praktizieren Yoga unter Birken.

Vom S-Bahnhof Yorckstraße kann man einmal im Kreis den kompletten nördlichen Teil des Parks erkunden, sich anschließend durch den Flaschenhalspark zur Brücke der Elfen begeben und im neuen Lokdepot den Tag ausklingen lassen.

Vom nördlichen Ausgang der Station Yorckstraße geht's unter der Brücke hindurch gen Osten. Links führen Gehwege bergan in den Park. Oben angekommen, entlang der Ökoschotter-Beete nach Norden weiterlaufen. Stauden und Pflanzen neben Birkenwäldchen lassen die Großstadt fast vergessen, bis eine S-Bahn quietschend vorbeifährt.

Vorbei an einer Mauer, die von Sprayern besprüht werden darf, geht's zum Skaterpark. Dahinter sind einige Bahn-Relikte zu erkennen, von hier ist der Potsdamer Platz auch gut zu sehen.

Die alten Gleise wurden teilweise erhalten, auch Schottergleisbetten erinnern an die Bahnstrecken von früher. Ausladende Wiesen im Park locken auch Kaninchen an.

Nach rechts knickt nun ein breiter Weg ab, entlang des Museumparks vom Deutschen Technikmuseum. Rechts und links wieder alte Bahnschienen, zwischen denen sich das Grün ausbreitet. Ein Museumsgleis wurde vollständig erhalten. Vorbei an Sport- und Spielplätzen geht es an der Wiese entlang zurück nach Süden. Hier möglichst weit rechts halten und am Naturerfahrungsraum für Kinder entlanglaufen. Das ein oder andere Kaninchen kreuzt hier den Weg.

Kurz vor der Yorckstraße lohnt der interkulturelle Garten Rosenduft einen Besuch. Hier wurde ursprünglich ein großer Garten für Geflüchtete aus Bosnien und Herzegowina angelegt, um den Kontakt zwischen den Bewohnern zu erleichtern. Mittlerweile ist ein verwinkelter Garten mit alten Obstsorten,

Schau- und Gemüsebeeten, Ruhezonen und Aufenthaltsbereichen entstanden, in dem ganz unterschiedliche Nationalitäten zusammenkommen. Der kurze Abschnitt des Parks südlich der Yorckstraße, der sogenannte Flaschenhalspark, führt den Weg entlang der alten Gleise fort. Ein Barfußpfad wurde zwischen den Bäumen angelegt, ein altes Bahngebäude schimmert zwischen den verwachsenen Büschen hervor. Am Ende des Parks geht's unter der Monumentenbrücke hindurch an einem Basketballplatz vorbei und links hoch auf die Brücke. Diese Brücke – so heißt es – ist der Ort, an dem die Berliner Elfen am liebsten leben. Vielleicht wegen des weiten Blicks über Berlin bei Sonnenuntergang? Den schönsten Abschluss bietet ein Essen im Lok6 im Lokdepot. Die Speisekarte ist winzig, die Zusammenstellungen sind erstklassig.

Nachhaltig produzierte Lebensmittel kommen hier auf den Tisch, wenn nicht bio, dann von lokalen Erzeugern. Bei stimmigem Interieur klingt hier der Tag wunderbar aus.

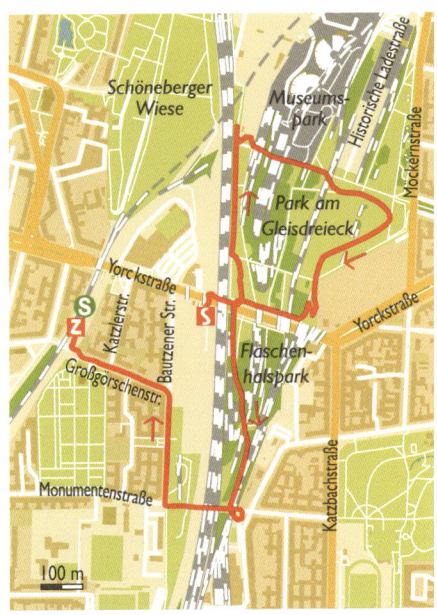

Hin & Weg: S-Bahnhof Yorckstraße.

Beste Zeit: Ein lauer Sommerabend. Im Restaurant besser reservieren, das Lok6 (www.lok6.de) entwickelt sich zum Berlin-Liebling.

Dauer & Strecke: 1 Std. reine Gehzeit, ca. 3 bis 4 km.

Ausrüstung: Ein Fläschchen Wasser ist immer sinnvoll, im Park gibt es nur einen häufig geschlossenen Kiosk.

DEM SCHIET-WETTER TROTZEN

⫶... im Regen durch den Wald ⫶

#14

Eigentlich regnet es in Berlin weniger als in Barcelona, so sagt es die Statistik. Gefühlt ist das allerdings gerade im Sommer komplett anders. Wenn also alle mal wieder so richtig über das Wetter meckern, ist genau die richtige Zeit, sich einen Regenschirm und die Lieblings-gummistiefel zu schnappen und eine Runde draußen spazieren zu gehen.

Stillgelegte Gleise gibt es viele in Berlin. Im Sommerregen wirken diese erst recht geheimnisvoll.

ein warmer Sommerregen, währenddessen der Wald umso grüner und fruchtbarer erscheint.

Dabei braucht man sich nicht um das Loch in den Schuhen zu sorgen oder um die Wasserdichtigkeit der Hose. Man kann einfach auch gleich kurze Sachen anziehen, denn es ist ja recht warmes Wasser, das da vom Himmel fällt. Manch einer soll bei so einem richtigen Schauer ja auch schon joggen gegangen sein!

Und während man also durch den Wald spaziert, einfach mal den Waldboden riechen, dem beruhigenden Rauschen lauschen, das mit dem Getrommel dicker Tropfen und Geplätscher am Boden den Wald in eine Konzerthalle verwandelt. In einem unbeobachteten Moment mal wieder durch Pfützen hüpfen und die kleinen Rinnsale auf den Blättern beobachten. Die angenehme Feuchtigkeit fühlen und den Regen aufs Gesicht platschen lassen.

Man benötigt: Einen Blätterwald (keinen Nadelwald, Regentropfen klingen beim Aufprall auf Blätter einfach viel schöner), einen unbefestigten Boden und einen ordentlichen Guss.

Ob Grunewald (Eskapade #37), Jungfernheide Forst, Volkspark Friedrichshain, die Hasenheide, Tiergarten (Eskapade #11) oder Treptower Park (Eskapade #9) – Berlin hat erstaunlich viel Wald, das sieht man insbesondere aus der Vogelperspektive sehr gut. Also einfach mal auf den Seiten der Berliner Forsten (www.berlin.de) oder auf Google Maps suchen, wo der nächste Wald zu finden ist.

Und beim nächsten Guss heißt es dann: Raus, frische Luft atmen und sich bewusst machen, wie schön Regen sein kann, ganz besonders

Man sagt, der Herzschlag verlangsame sich bei Menschen, die durch den Wald gehen, der Wald beruhige. Und das Beste: Je häufiger man das macht, desto besser kann man »mit Wetter«. Da kann dann der Sommer in Berlin ruhig das sein, was er meistens ist: Eben irgendwas mit Wetter.

FAZIT: AM SCHÖNSTEN RIECHT DER WALD, WENN ER NASS IST.

Regen ist Grund genug, einmal den Tropfen zu lauschen und die Gummistiefel auszuführen.

Hin & Weg: Das nächstbeste Waldstück ist das beste, so ein Sommerguss ist schnell wieder vorüber.

Beste Zeit: Im Sommerregen.

Dauer: Auch für 10 Min. empfehlenswert.

Ausrüstung: Regenjacke oder Regenschirm oder einfach gar nichts. Hilfreich sind Gummistiefel.

Achtung!
Sie verlassen
nach 80 m
West-Berlin

UNTER WELTEN

 ... in den Berliner Unterwelten

 Dass Berlin auch unterirdisch einiges zu bieten hat, weiß man, seit der Unterwelten e.V. sich dieses Themas angenommen hat. Der Verein bietet vor allem Führungen durch historische Tunnel, stillgelegte Bahnhöfe und verlassene Bunker an. Eine der spannenden Führungen ist die Tour M, »Mauerdurchbrüche«, bei der die Geschichte der verschiedenen Fluchttunnel nach dem Mauerbau 1961 beleuchtet wird.

© Peter Leibing, Hamburg

Die meisten Touren starten am U-Bahnhof Gesundbrunnen, die Tickets sollte man am besten vorab online buchen. Wer zu früh vor Ort ist, kann sich die Zeit bis zur Tour in der nahegelegenen Dauer-Ausstellung »Mythos Germania« vertreiben.

Eine weitere Möglichkeit ist die nur zwei U-Bahn-Stationen entfernt gelegene Gedenkstätte Berliner Mauer an der Bernauer Straße. Oder man läuft in den Humboldthain und schnuppert auf dem ehemaligen Flakturm etwas Frischluft (siehe auch Eskapade #17).

Die Tour M startet in einer Luftschutzanlage mit einer Überblicksausstellung über die Zeit des Mauerbaus und die Fluchttunnel. Anschließend geht es durch Tunnel und Räume, die anschaulich Sicherungsmaßnahmen

gegen sogenannte Grenzverletzer zeigen, U-Bahn-Tunnel wurden dabei ebenso wie die Kanalisation gegen Fluchtversuche abgesichert. Detailreich wurden einzelne Sicherungen nachgestellt. Schockierend sind zum Beispiel geöffnete Schächte mit Metallspitzen, in die Flüchtende hineinfallen und somit getötet werden sollten.

Mit der U-Bahn geht es anschließend zur Bernauer Straße, die ein beliebter »Unterbuddelort« war, gleich mehrfach wurden hier Fluchttunnel angelegt. Beeindruckend sind die Geschichten sowohl der erfolgreichen wie der gescheiterten Tunnelbauten und die über den großen Spionagetunnel der Engländer. Nicht wenige Tunnel wurden von Mitwissern verraten. Tragisch dabei: In das Notaufnahmelager Marienfelde wurden Sta-

Gedenkstätte Berliner Mauer. Die Stelen an der Bernauer Straße stellen die ehemalige Mauer dar.

si-Spitzel geschleust, die weitere Fluchtpläne aufdecken konnten. Zum Schluss werden in den historischen Gewölben der ehemaligen Oswald-Brauerei Tunnelnachbauten besichtigt, die erst richtig nachvollziehbar machen, wie sehr man an der Freiheit hängen muss, um – manchmal sogar monatelang – unter Lebensgefahr solche schmalen und langen Tunnel zu graben.

FAZIT: SPANNENDE GESCHICHTEN AUS DEN UNTERWELTEN BERLINS.

Hin & Weg: S-Bahnhof Gesundbrunnen, U8 Bernauer Straße

Beste Zeit: ganzjährig; Termine auf www.berliner-unterwelten.de

Dauer & Strecke: Die Tour selbst dauert ca. 2 Std., ca. 2 km.

Ausrüstung: Feste Schuhe und Jacke auch bei schönem Wetter. In den Tunneln ist es kühl.

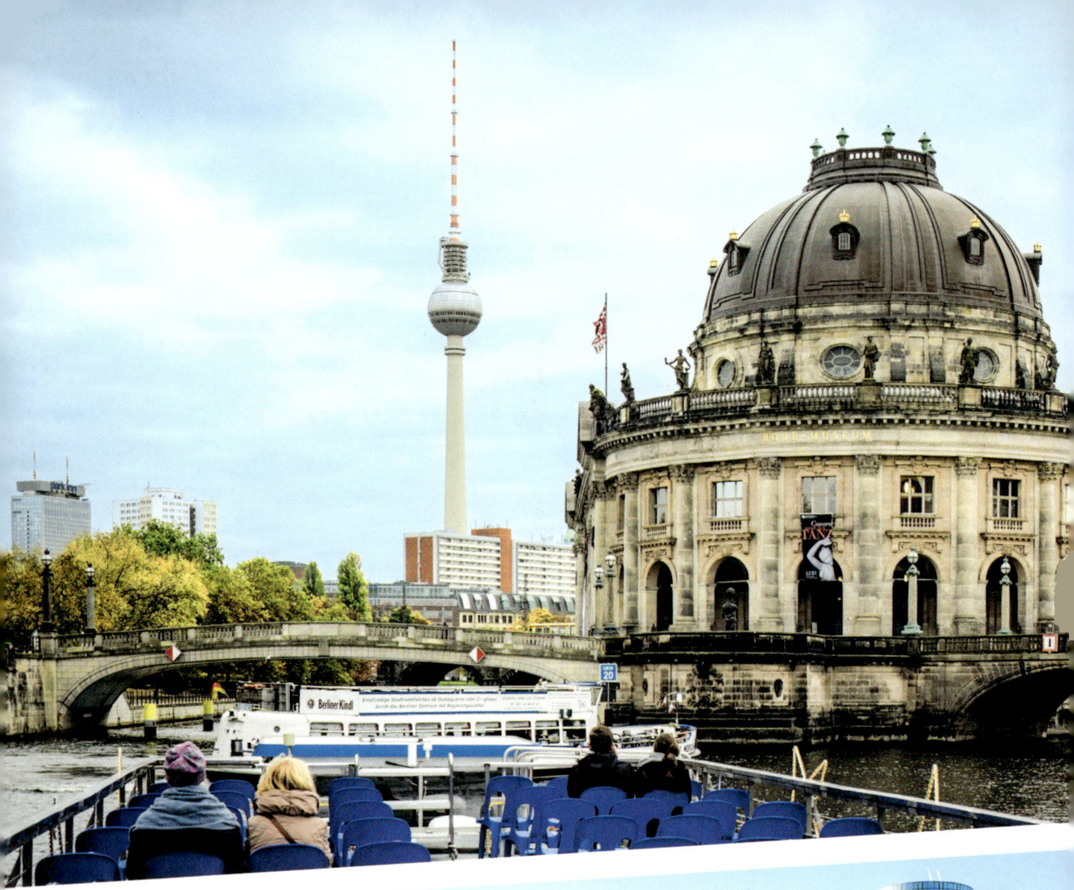
Berliner Kindl
TANZ

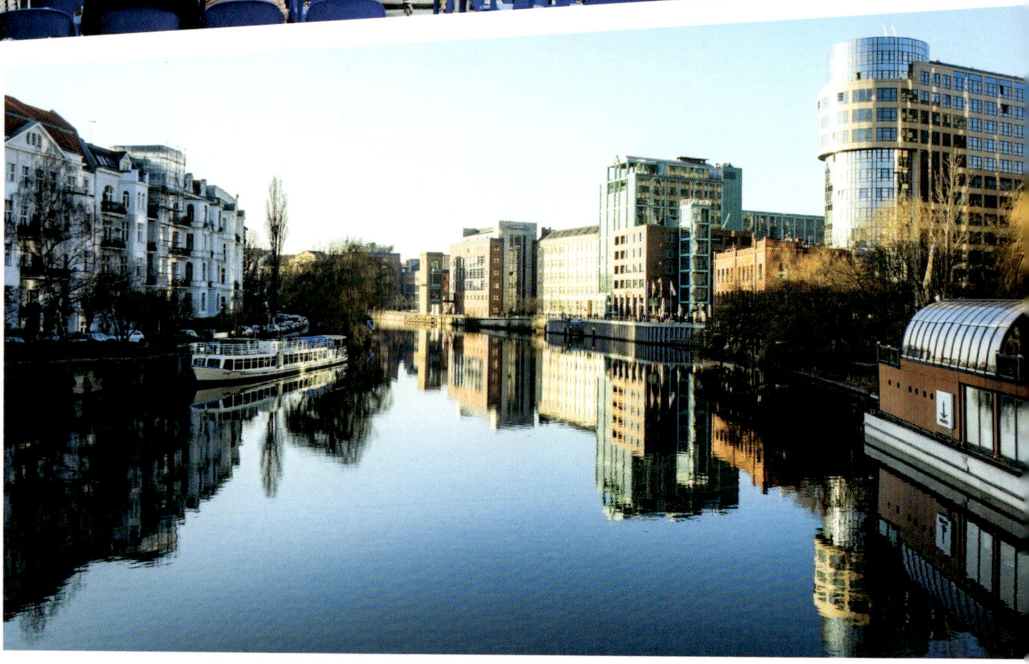

JANZ WIE DAMALS

 ... auf der Spree

Viele Zugezogene meinen, so eine »Touri-Schifffahrt« sei ja total abgedroschen und öde. Dabei findet man in der Nebensaison hier vor allem die Ureinwohner Berlins, denn die haben längst erkannt, dass sich ein regelmäßiger Perspektivwechsel lohnt: Vom Wasser aus ist doch alles gleich ein bisschen hübscher ...

Man muss sie ja nicht schön finden, aber irgendwie gehören sie einfach dazu: künstliche Blumen auf dem Spreeschiff.

Eine Portion Liebe für abgewetzte Plastikstühle und künstliche Blümchen in ollen Vasen gehört auf jeden Fall dazu, um von diesem Ausflug begeistert zu ein. Die Berliner Reedereien bieten verschiedene Fahrten an, vom kurzen Trip von Wannsee nach Kladow bis zur mehrstündigen Seen-Tour. Aber warum nicht mal die touristischste aller Routen nehmen und durch das Berliner Regierungsviertel fahren? Ins Regierungsviertel gelangt man vom Berliner Hauptbahnhof über das Friedrich-List-Ufer und die Gustav-Heinemann-Brücke. Hier am besten erst mal eine Runde drehen und den Herbstzauber genießen. Die Bäume rund um die »Waschmaschine«, wie das Bundeskanzleramt liebevoll genannt wird, erstrahlen im Herbst in Gelb und Rot. Die Bootsanlegestelle ist gut ausgeschildert und kaum zu verfehlen. Wer Glück hat, erwischt einen der älteren Kähne aus den 1950er-Jahren. Die einstündige Tour führt zuerst am Bundeskanzleramt vorbei. Hier heißt es: sich draußen in die angebotenen Decken kuscheln und den Ansagen lauschen. So mancher Berliner Bootsführer hat nicht nur eine herrliche Berliner Schnauze, sondern kann auch wun-

Hin & Weg: In 5 Min. zu Fuß vom Hauptbahnhof zur Anlegestelle Regierungsviertel. Alternativer Einstieg ist an verschiedenen Stellen möglich (www.reederei-riedel.de).

Beste Zeit: Außerhalb der Saison. Besonders schön an einem Herbsttag, dann wartet das Regierungsviertel mit erstaunlich bunten Farben auf.

Dauer: 1 bis 3,5 Std.

Ausrüstung: Im Herbst/Winter eine sehr warme Jacke und Bargeld für den Glühwein.

Das Kanzleramt vom Wasser aus gibt vielleicht neue Perspektiven.

derbare Anekdoten zum Besten geben. Weiter geht es am Paul-Löbe-Haus und am Reichstagsgebäude vorbei zum auffälligen Eck des Bode-Museums, dann zur Alten Nationalgalerie, zum Berliner Dom und durch das Nikolaiviertel, über das der Fernsehturm hinausragt. Wem der Wind zwischendurch zu kalt wird, der kann sich bei einer Tasse heißer Schokolade oder einem Glühwein im Schiffsinneren aufwärmen. Gegen Hunger hilft eine Bockwurst – mehr Verpflegung wird in der Regel nicht angeboten.

Wer nicht auf der gleichen Strecke zurückfahren oder die Tour verlängern möchte, nimmt die dreieinhalbstündige Brückentour dazu. Sie führt einmal im Kreis über die Spree und durch den Landwehrkanal. Hier kommt man nicht nur am Molecule Man in Kreuzberg und am alten Innenministerium in Moabit vorbei, sondern kann vor allem auf viele weitere Berliner Geschichten hoffen. Sollte der Guide einmal maulfaul werden, einfach einen Glühwein ausgeben. Hilft sicher.

> **FAZIT: WER NICHT AUF DEM SPREE-SCHIFF FUHR, WAR NICHT WIRKLICH IN BERLIN.**

HOCH HINAUS

 ... auf dem Flakturm im Humboldthain

Humboldthain – das klingt wie einer von vielen Parks in Berlin. Im ursprünglich 1872 angelegten Landschaftspark gibt es jedoch eine Anhöhe, die von unten recht unspektakulär anmutet, von oben jedoch einen wunderbaren Blick gen Süden und Westen bietet. Wie hoch man sich hier befindet, lässt sich schwer sagen: Nach dem Zweiten Weltkrieg wurden die Flaktürme, die zur Verteidigung Berlins gedient hatten, von den Alliierten gesprengt und der Berg mit Trümmern übersät.

#schöneAussicht #Spaziergang #Eis #historischerOrt

Im Herbst besonders schön: Die Aussicht vom ehemaligen Flakturm im Humboldthain. Steil führen die Stufen hinauf.

Die nahegelegene Bahnstrecke der heutigen Ringbahn verhinderte die Sprengung des nördlichen Bunkers, der heute teilweise wieder begehbar und einen Ausflug wert ist. Vom S-Bahnhof Gesundbrunnen kann man den Landschaftspark bereits sehen. Ein Abstecher in die Brunnenstraße 97 zur Eisdiele Henri lohnt sich: Die schon etwas in die Jahre gekommenen Eismaschinen im schlicht eingerichteten Laden erinnern an alte Zeiten. Die Eisdiele versorgt die Berliner seit vielen Jahren mit hausgemachtem Eis. Mit dem in der Hand lässt sich der Ausblick gleich doppelt so gut genießen.

Die Brunnenstraße anschließend überqueren, eine Stück zurücklaufen und kurz vor den S-Bahn-Schienen in den Park einbiegen. Der Flakturm ist nach wenigen Metern bereits ausgeschildert, eine recht steile Holztreppe

führt hinauf zur Anhöhe. Von hier aus hat man eine großartige Aussicht über einen Teil des Parks und Berlins.

Mehrere Ebenen bieten verschiedene Ausblicke, einige Eingänge zur Bunkeranlage sind sichtbar. Die Anlage ist zum Teil noch erhalten und kann im Rahmen einer Tour des Vereins Unterwelten (siehe auch Eskapade #15) besichtigt werden. Im Innern gab es ursprünglich Tausende Schutzplätze für die Zivilbevölkerung. Heute wird die Nordseite zum Sportklettern genutzt, und im Turm überwintert eine große Schar Fledermäuse – friedliche Zeiten für ein ehemaliges Kriegsgebäude.

Das große Denkmal auf einer der Ebenen ist ein »Mahnmal der deutschen Einheit«, das der Künstler Arnold Schatz hier bereits 1967 aufge-

stellt hat, nur wenige Jahre nach dem Mauer-
bau. Auf dem Rückweg lohnt sich ein Schlenker
über den Rosengarten, der nach dem Vorbild
italienischer Renaissancegärten gestaltet ist
und viele Sitzgelegenheiten bietet.

Und wer noch nicht genug Eis hatte, kann sich
rasch ein neues holen, schließlich ist »Henri«
ja gleich gegenüber.

Hin & Weg: Direkt gegenüber vom S-Bahnhof
Gesundbrunnen.

Beste Zeit: Am liebsten im Herbst zum letzten Eis
der Saison.

Dauer & Strecke: 1 Std., reine Gehstrecke ca. 3 km.

Ausrüstung: Eine Mütze ist im Herbst nicht
verkehrt, hier oben zieht es ordentlich. Für das Eis
besser etwas Bargeld dabeihaben.

**FAZIT: EIS UND AUSSICHT IN BESTER KOM-
BINATION.**

WINTER-STILLE

 ... im Park Babelsberg

#18

Wenn das Eis bricht und die kleinen Schollen in der Sonne glänzen, ist die beste Zeit für einen Winterspaziergang im Park Babelsberg in Potsdam. Im Sommer völlig überlaufen, bietet der Park dann eine stille Kulisse für verwunschene Gebäude bis zur berühmten Agentenbrücke. Besonders schöner Moment: Wenn die Dämmerung an einem Winternachmittag den Tiefen See in Pastelltöne hüllt.

#Potsdam #Wandern #Sonnenuntergang #Geschichtsstunde

Immer am Wasser entlang führt die Tour durch den Park Babelsberg.

Vom Hauptbahnhof Potsdam gelangt man in einer knappen Viertelstunde über die Babelsberger Straße, die Freundschaftsinsel und die Havelstraße zum Park Babelsberg. Wie so oft in Parks, die im 19. Jahrhundert im Stil englischer Landschaftsgärten angelegt wurden, gibt es auch in Babelsberg interessante Blickachsen und spannende Gebäude. Gleich hinter dem Eingang steht das Havelhaus. Der auffällige (Nach-)Bau, der einer kleinen Burg ähnelt, war ursprünglich das Pförtnerhaus. Weiter geradeaus liegt das Stadtbad. Die Größe und die Einrichtung lassen erahnen, wie voll es hier im Sommer ist. Jetzt zeugen die leeren Bänke und Tische nur von der verdienten Winterruhe.

Hinter dem Stadtbad kann man wunderbar am Wasser laufen. Der hier aus der Havel entstandene See wird an dieser Stelle der Tiefe See genannt. Ist es richtig kalt und das Wasser gefroren, unbedingt nahe ans Wasser gehen und dem Knacken des Eises lauschen. Geht man weiter am Wasser entlang, kann man den weiten Blick in den Park genießen und zwischen den Hügeln allerlei historisch anmutende Gebäude entdecken. Sie hatten häufig bereits beim Bau lediglich dekorativen Charakter und dienten außer der Parkverschönerung keinem speziellen Zweck. Interessant ist das kubische Gebäude aus rotem Backstein mit den geschwungenen gotischen Fenstern, die Gerichtslaube. Einzelteile stammen aus dem

13. Jahrhundert und standen ursprünglich am heutigen Standort des Roten Rathauses. Dann geht es weiter zum Kleinen Schloss an der Lenné-Bucht. Von hier aus sieht man auch Schloss Babelsberg, das direkt hinter einer Anhöhe liegt und einen Abstecher wert ist. Ebenfalls bereits sichtbar: die Glienicker Brücke, die sogenannte »Agentenbrücke«. Auf ihr wurden während des Kalten Krieges einige Male Agenten zwischen Ost und West ausgetauscht, denn genau hier verlief die Grenze. Den besten Blick auf die Brücke hat man eine

Das warme Winterlicht im Park Babelsperg ist besonders schön.

Bucht weiter. Anschließend geht es am Wasser entlang gen Osten, am Dampfmaschinenhaus vorbei. Am gegenüberliegenden Ufer steht das hübsche Jagdschloss Glienicke. Der Weg führt nun etwas bergauf auf die Lankestraße, diese nach links einschlagen, die Brücke überqueren, dann weiter geradeaus und damit die Havel verlassen. An der Waldmüllerstraße geht's erneut nach links, dann über den Plattengraben und gleich rechts in die Mövenstraße. Hier läuft man übrigens genau auf dem ehemaligen Grenzstreifen.

Die kleine Ost-Enklave war eine echte Besonderheit im Volkspark Glienicke, der zu West-Berlin gehörte. Nach etwa 400 Metern auf der Mövenstraße ist die Königsstraße und damit die Bushaltestelle Schloss Glienicke erreicht. Wer noch weiterlaufen mag: Rechts geht's zum Schloss.

VOM ENDE UND ANFANG

⊰ ... im Friedhofscafé, Schöneberg ⊱

#19

Viele haben es bereits entdeckt: Auf Friedhöfen kann man sich wunderbar eine kleine Auszeit nehmen und die Stille genießen. Aber nur ein einziger Berliner Friedhof darf sich rühmen, das erste Friedhofscafé Deutschlands eröffnet zu haben: der Alte St.-Matthäus-Kirchhof in Schöneberg.

Das Café Finovo ist wie ein gemütliches Wohnzimmer eingerichtet und lädt zum Kuchenessen und Zusammenkommen ein.

bis dato nicht in Deutschland, vielleicht nicht einmal in Europa. Die Idee des Schwulenaktivisten, der aus Filmen von Rosa von Praunheim unter dem Namen Ichgola Androgyn bekannt ist: einen Ort der Kommunikation schaffen, nicht nur für Trauernde. So entstand auch der Name des Cafés: Fin-Novo, Fin für das Ende, Novo für das Neue. Nach dem Tod das Leben.

Es gibt wohl kaum einen besseren Platz, um über das Leben zu sinnieren, aber vorher ist eine Kirchhofrunde Pflicht. Vom Eingang geht es bergan an der Friedhofskapelle vorbei. An Nachmittagen fällt das Licht hier auf die alten Gräber an den Außenmauern, die sich zum Teil an die umliegenden Häuser schmiegen. Zusammen mit gemalten Umrissen alter Gräber ergeben die Schatten der Bäume schöne Silhouetten.

Neben vielen Ehrengräbern wie denen der Gebrüder Grimm, Friedrich Drakes und Rudolf Virchows erinnert ein Gedenkstein an die Widerstandskämpfer des Attentats vom 20. Juli 1944. In neuerer Zeit kümmerte sich der Verein Denk mal positHIV um dem Friedhof, um einen Ort des Gedenkens für Menschen mit HIV und Aids zu schaffen. Viele Aktivisten der Berliner Lesben- und Schwulenszene wurden hier beigesetzt, im Café findet sich eine Karte, die über verschiedene Gräber Auskunft gibt.

Berlin hat viele wunderbare Friedhöfe: Der riesige Friedhof Stahnsdorf lädt zum stundenlangen Spazierengehen ein, der Dreifaltigkeitskirchhof im Bergmannkiez hat wunderschöne alte Gräber, auf dem »Künstlerfriedhof« in der Stubenrauchstraße liegen berühmte Persönlichkeiten wie Marlene Dietrich oder Helmut Newton.

Der Alte St.-Matthäus-Kirchhof in Schöneberg bietet eine andere Besonderheit: das erste Friedhofscafé Deutschlands. Sofort nach dem Eintreten fällt links das für einen Friedhof ungewöhnliche Sammelsurium aus Tischen, Bänken, Stühlen und Töpfen ins Auge: Das Friedhofscafé Finovo, das der Bestatter, Schauspieler und Limonaden-Erfinder Bernd Boßmann betreibt. Als er das Café 2006 eröffnet, ist es ein Novum: Ein Friedhofscafé gab es

Wer vom südlichen Teil den breiteren Mittelweg zum Café zurückschlendert, wird das Grab mit den tibetischen Gebetsfahnen, bunten Bei-

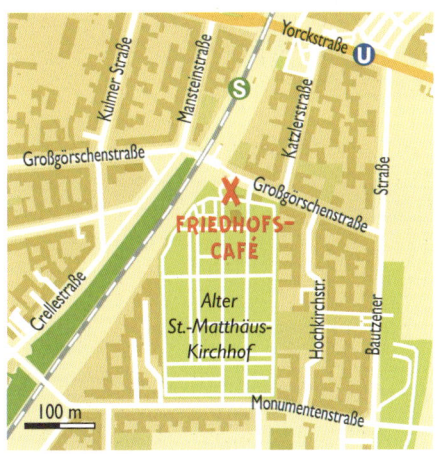

Das Grab von Rio Reiser, Sänger der Band Ton Steine Scherben.

gaben, einem alten Foto und einer kleinen Steinbank kaum verfehlen: Der Komponist und Ton-Steine-Scherben-Sänger Rio Reiser wurde vor einigen Jahren aus Nordfriesland hierher umgebettet. Nach einer kleinen Huldigung und mit dem Junimond im Ohr geht es nun ins Café. Hier muss man unbedingt den Apfelkuchen nach einem Rezept von Oma Boßmann probieren und natürlich eine Limo-Eigenkreation vom Inhaber!

Hin & Weg: U7, S2 oder S1 bis Yorckstraße, Ausgang Großgörschenstraße.

Beste Zeit: Sonniger Herbstnachmittag, das Café hat montags zu (www.cafe-finovo.de).

Dauer & Strecke: 30 Min., ca. 1 km.

Ausrüstung: Außer Durst, Hunger und Neugierde keine.

FAZIT: BEIM APFELKUCHEN LÄSST SICH WUNDERBAR ÜBER DAS LEBEN SINNIEREN.

PANORAMA AUF EIS

 ... an der Rummelsburger Bucht

 *Es ist knackig kalt, der Winterhimmel ist stahlblau, die Sonne scheint: der perfekte Moment für einen Spaziergang mit kleinem Schlittschuhlauf an der Rummelsburger Bucht. Dafür muss man auch gar nicht weit fahren, denn der beliebte Nebensee der Spree liegt mitten in der Stadt.*

Der Spaziergang startet am S-Bahnhof Ostkreuz. Von hier aus den Ausgang Markgrafen-
straße nehmen, am Wasserturm nach links
gehen, dann die Straße überqueren und weiter nach rechts laufen. Am Palazzo führt ein
Weg nach links zum See.

Während man die Bucht linksherum umrundet, kann man den Schlittschuhläufern
zuschauen und nebenbei das Eis für eine Be-
gehung prüfen. Nach wenigen hundert Metern
gelangt man an einen kleinen Steg, eine perfekte Stelle, um die Schlittschuhe anzuziehen
und ein paar Pirouetten zu drehen.

Danach geht es zu Fuß weiter. Der kurze
zwei Kilometer umfassende Spaziergang führt
zwischen Ufer und modernen Wohnhäusern
entlang – welch wunderbaren Ausblick die

Bewohner*innen doch haben. Nach einer
Rechtskurve geht's an der Kita Hoppetosse
vorbei. Da möchte man glatt wieder Kind sein.
Am dahinterliegenden kleinen Hafen ankern
im Winter oft einzelne eingefrorene Boote,
perfekte Fotomotive. Die Litfaßsäule ist ein
Gedenkort und erinnert anhand von Augen-
zeugenberichten an den Holocaust.

Eine Linkskurve umrundet nun eine Böschung
und der Weg führt ins Grüne an einer Liege-
wiese vorbei. Der Röhricht-Bewuchs am Ufer
ist durch einen Zaun geschützt, ein Ausguck
mit zwei Bänken lädt hier zum Verweilen ein.
Schilder erzählen die Geschichte der Bucht
und erklären Flora und Fauna.

Der Ausguck bietet einen guten Blick auf die
sogenannten Liebesinseln, sogar das Riesen-

Schiffe liegen eingefroren im Wasser, die tiefe Winter-
sonne taucht die Rummelsburger Bucht in Pastellfarben.

rad vom Spreepark kann man erspähen. An
der Ostblock-Boulderhalle ist der Weg dann
schon zu Ende.

Zurück geht's auf dem gleichen Weg, oder
noch ein paar Meter weiter in die Hafen-
küche (www.hafenkueche.de). Im Winter ist
die Chance höher, hier einen Platz direkt am
Wasser zu bekommen. Speisen und Getränke sind etwas teurer als üblich, aber sehr zu
empfehlen.

Den Sonnenuntergang sollte man keinesfalls verpassen, er pinselt schöne Farben
hinter die Silhouetten vom Wasserturm und
Fernsehturm. Keine Sorge wegen des Wegs
zurück zur S-Bahn: Wohnblöcke und Straßen-
lampen leuchten den Weg gut aus.

Hinweis: Schlittschuhläufer sollten immer die
aktuellen Warnmeldungen der Berliner Was-
serschutzpolizei beachten. Außerdem niemals
alleine aufs Eis gehen und auch nur dort, wo
schon andere auf der Fläche sind. Risse oder
Wasserflächen deuten auf weiches und dünnes
Eis hin.

Hin & Weg: Mit der S-Bahn in wenigen Minuten zum
Bahnhof Ostkreuz.

Beste Zeit: Im Winter, wenn es länger Minusgrade
hatte.

Dauer: 1 Std.

Ausrüstung: Schlittschuhe, Handschuhe, dicker
Schal.

**FAZIT: GELEGENHEIT ZUM SCHLITTSCHUH-
LAUFEN, MITTEN IN BERLIN.**

2. KAPITEL
AUSFLÜGE

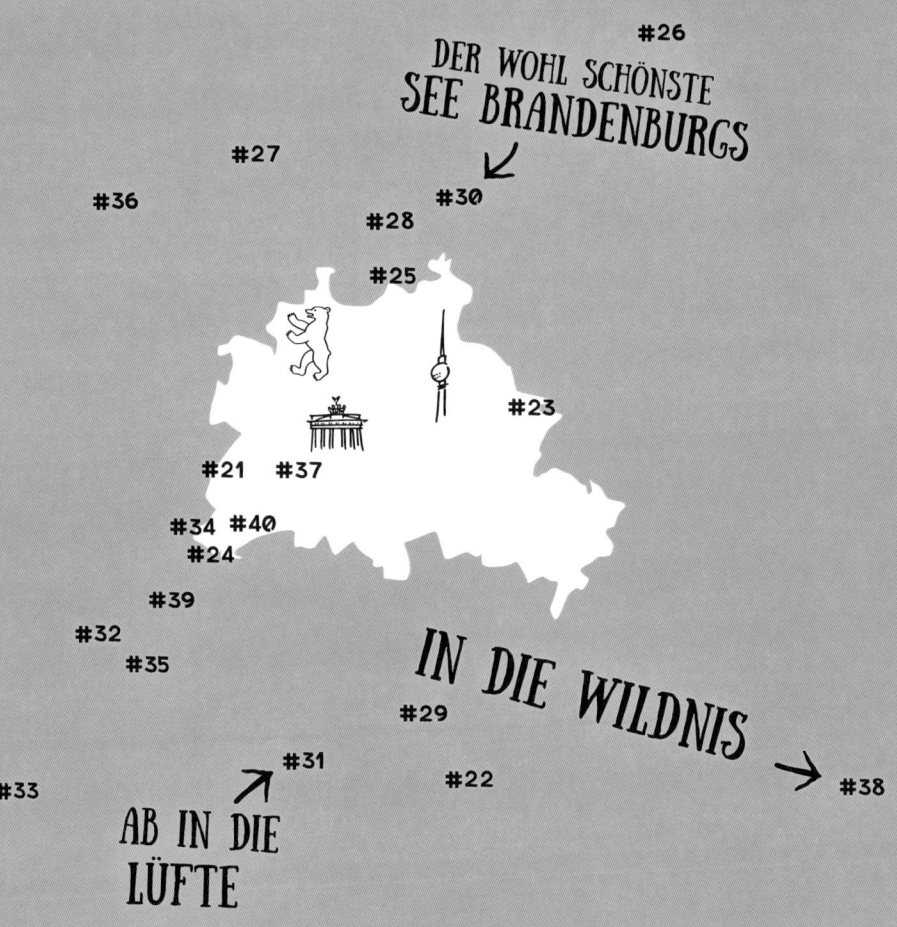

#26

DER WOHL SCHÖNSTE
SEE BRANDENBURGS

#27

#36

#30

#28

#25

#23

#21   #37

#34 #40

#24

#39

#32

#35

IN DIE WILDNIS

#29

#31

#22

#38

#33

AB IN DIE
LÜFTE

Raus für einen Tag

Bei Sonnenschein oder Schneefall, zu Fuß, per Fahrrad oder sogar auf dem Rücken eines Kamels – dort draußen gibt's viel zu entdecken, und sei es nur für einen Tag.

12 H

SAND-
KASTEN-
FREUDEN

⋛ ... in der Döberitzer Heide ⋚

#21

Die Döberitzer Heide ist wahrlich kein Geheimtipp Berlins. Deshalb muss man sich das schöne Naturschutzgebiet mit Wildnisgroßprojekt und Heidelandschaft allerdings nicht entgehen lassen. Der südöstliche Teil lässt sich in aller Stille erkunden, und mit etwas Glück sieht man nicht nur die großartige Landschaft, sondern auch Przewalski-Wildpferde und Wisente.

#Wandern #Wisente #WildinSicht #Waldboden #Aussichtsturm

Am besten fährt man schon sehr früh am Morgen los, denn die Wisente – eine alte Bisonart, die hier vor einigen Jahren angesiedelt wurde – sind in der Regel gegen acht Uhr recht dicht am Zaun zur Wildniszone unterwegs.

Von der Bushaltestelle führt der Weg Am Gutstor hinein, nach 300 Meter knickt der Alt-Döberitzer Weg leicht nach links in die Döberitzer Heide ab. Eine Weile läuft man noch an Feldern vorbei, bis die Naturschutzzone beginnt. Sofort wird klar, warum Brandenburg auch der »Sandkasten Deutschlands« genannt wird: weicher Sandboden wechselt sich mit Waldboden ab, Birken spenden nur wenig Schatten und im Herbst blüht hier überall die Heide. Im Naturschutzgebiet in die gleiche Richtung bis zur Wildniskernzone

weiterlaufen. Diese wurde vor etwa 20 Jahren errichtet und ist nicht nur Lebensraum interessanter Tiere, sondern auch artenreicher Flora. Das Gebiet wurde knapp 100 Jahre lang ausschließlich militärisch genutzt und nicht bewirtschaftet. So konnten sich viele seltene

---

Hin & Weg: Vom U+S-Bahnhof Spandau (nicht dem S-Bahnhof) den Bus 638 Richtung Potsdam bis zur Haltestelle Potsdam, Am Park. Zurück vom Bahnhof Priort mit dem stündlichen RE nach Berlin (evtl. Umstieg in Potsdam).

Beste Zeit: Frühmorgens, das ganze Jahr über.

Dauer & Strecke: 4 bis 5 Std., ca. 17 km.

Ausrüstung: Genügend Wasser und Proviant, in der Döberitzer Heide gibt es keine Möglichkeit, sich zu verpflegen. Gute Schuhe, die Wege sind teils sehr weich und sandig.

Blick von oben: Der Aussichtsturm Finkenberg bietet einen tollen Rundumblick über die Döberitzer Heide.

Pflanzen- und Kleintierarten ansiedeln. Links entlang des Zaunes kann man einen Rundweg gehen. Ab jetzt lohnt es sich auch, Ausschau zu halten, am Morgen grasen häufig die Wisente und Wildpferde nahe am Zaun.

Weiter geht es zum Aussichtsturm Finkenberg. Der hohe Turm bietet einen wunderbaren 360-Grad-Blick über die Naturlandschaft, ist allerdings durch seinen offenen Aufbau nichts für Höhenängstliche. Am Turmdach sind die verschiedenen Richtungen angegeben. Gen Osten ist die etwa 15 Kilometer entfernte Radarstation auf dem Teufelsberg im Grunewald gut sichtbar, bei guter Sicht kann man sogar den Fernsehturm erspähen.

Nach dem Aussichtsturm macht der Rundweg eine scharfe Linkskurve und führt im Bogen weiter Richtung Norden. Nur noch vereinzelt stehen hier Bäume und kleine Sträucher.

Der gelbe Rainfarn prägt diese »Sandwüste«. Man passiert nun die Naturerlebnis-Ringzone.

Jetzt kommen einem auch die Tagesbesucher von Karls Erlebnis-Dorf entgegen. Auf dem Rastplatz Wolfsberg gibt es erneut einen schönen Blick in die Umgebung. Im Westen ist die Naturerlebnis-Zone, im Osten die Eingewöhnungszone für die Tiere. Ein zweites Mal darf hier auf Wildsichtung gehofft werden. Hinter dem Rastplatz den Rundweg verlassen und Richtung Priort nach Westen laufen. Im Priorter Backstübchen gibt es zur Belohnung Kaffee und Kuchen, bevor es auf der Chaussee immer geradeaus zum Bahnhof zurück geht.

Tipp: Die etwa 17 Kilometer lange Runde kann man auch mit dem Fahrrad machen und dann z. B. von Seeburg in die Döberitzer Heide fahren. Die Wege sind allerdings unbefestigt und zum Teil sehr weich und sandig, sodass man hin und wieder absteigen muss.

FAZIT: SCHÖNE TOUR DURCH DIE HEIDE MIT CHANCE AUF (FAST) WILDE TIERE.

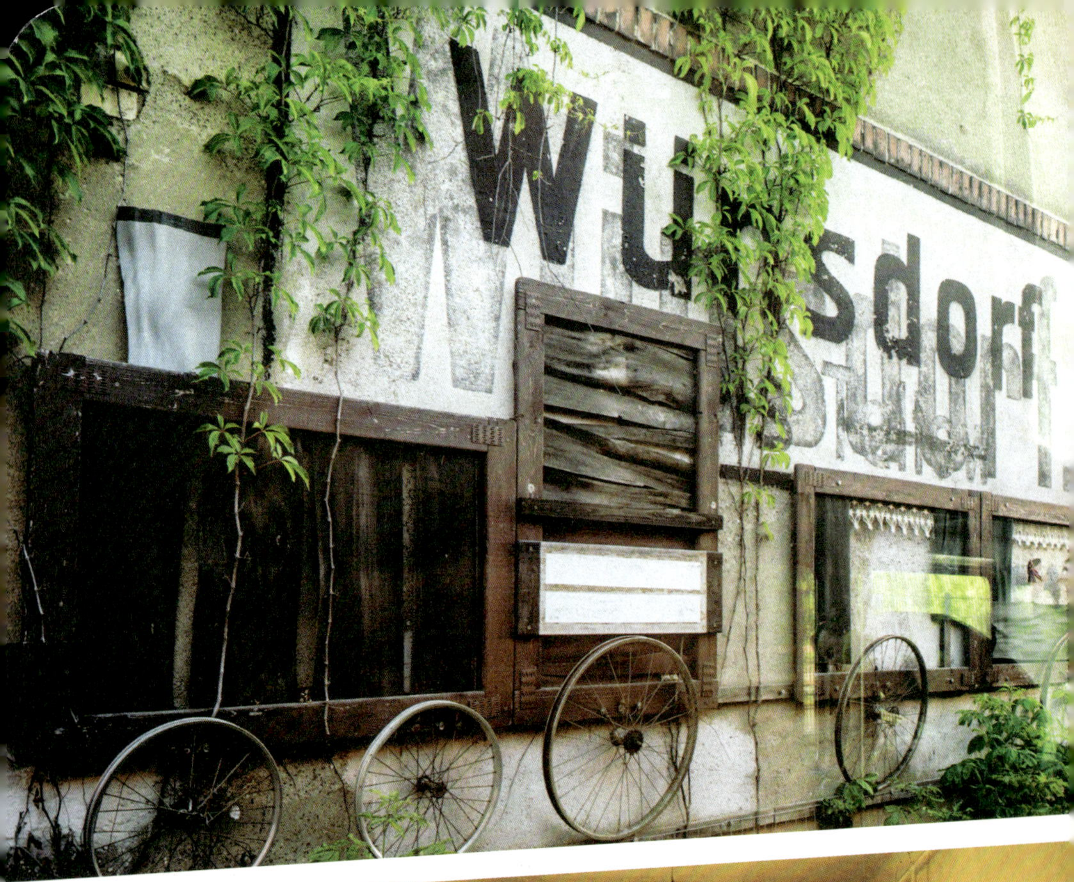

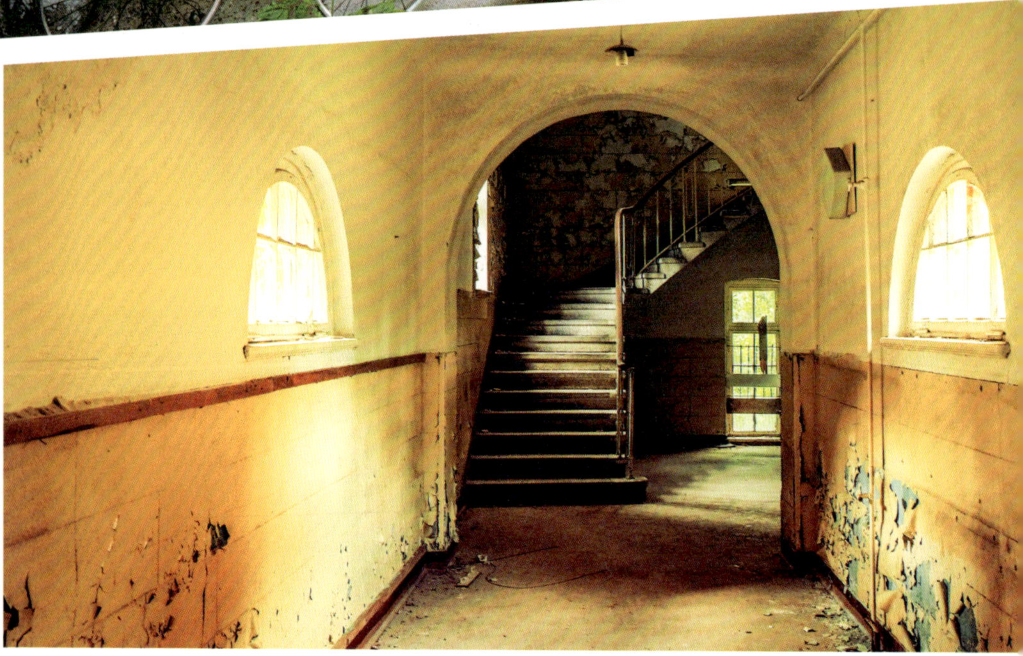

VERBOTENE STADT

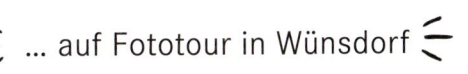 ... auf Fototour in Wünsdorf

#22

Einst fuhr die Bahn auf der Linie Wjuns-dorf-Moskwa aus der brandenburgischen Provinz direkt nach Moskau. Heute ist von dem regen Verkehr nichts mehr zu spüren. Die ehemalige Militärsiedlung ist stillgelegt und wartet auf einen Investor. Und empfängt derweil Besucher, die das riesige Areal erkunden, zu dem bis 1994 nur Auserwählte Zutritt hatten.

Bei Lost-Places-Liebhabern darf Wünsdorf, die verbotene Stadt, nicht fehlen. Das riesige Areal verlassener Häuser und Turnhallen mit Tanz- und Kinosaal versank nach dem Abzug der russischen Truppen in einen Dornröschenschlaf und kann erst seit wenigen Jahren besichtigt werden. Das Gebiet ist aus Sicherheitsgründen und wegen Vandalismus abgesperrt und nur im Rahmen einer Tour begehbar.

Das ist einerseits schade, andererseits wurde das Areal auf diese Weise vor der Verwüstung bewahrt. Zwar findet man in den Gebäuden nur noch wenige Möbel, da die Russen bei ihrem Abzug fast alles mitgenommen haben, die Räume sind dafür sehr gut erhalten.

In der für DDR-Bürger verbotenen Stadt lebten nach Schätzungen 30 000 bis 40 000 An-

gehörige des Militärs mit ihren Familien, daher gab es in Wünsdorf auch Geschäfte, Schulen und ein Krankenhaus. Ein Highlight ist das Haus der Offiziere und der dazugehörige Kinosaal. Spannend ist auch die sehr gut erhaltene Schwimmhalle mit Umkleideräumen, die in ihren Ursprüngen aus der Kaiserzeit stammt. Manche Räume geben Rätsel auf mit ihren weich gepolsterten Türen und den seltsamen Wandverkleidungen. Spektakulär sind die aufwendigen Wendeltreppen mit schönen Geländern.

Im Rahmen der Besichtigungstour darf man auf dem weiten Gelände frei herumlaufen und es ganz auf eigene Faust erkunden. Dafür sollte man allerdings mindestens vier Stunden einplanen, um das große Areal wenigstens halbwegs besichtigt zu haben. Auch

Gewaltig: die riesige Leninskulptur vor dem Haupthaus. Auch sehenswert: die schöne alte Schwimmhalle und die Wendeltreppen.

auf dem Turm direkt im Haupthaus muss man unbedingt gewesen sein: Von hier kann man der übergroßen Leninskulptur auf die Glatze gucken.

Hin & Weg: Vom Alexanderplatz mit dem RE5 oder 7 bis nach Wünsdorf-Waldstadt. Das Areal liegt an der Hauptallee, etwa 1,5 km vom Bahnhof entfernt.

Beste Zeit: Möglichst bald. Die Gebäude können jederzeit von einem privaten Investor gekauft und abgeriegelt werden. Die Anmeldung zu einer Tour ist erforderlich (z. B. Fototour von www.go2know.de).

Dauer & Strecke: Um alles zu sehen, sollte man mindestens einen halben Tag einplanen, mit einem Fußweg von 4 km sollte man rechnen.

Ausrüstung: Wasser, Verpflegung. Kamera-Ausrüstung ist für Hobbyfotografen ein Muss. Besser lange Kleidung, auch wenn es warm ist. In den Gebäuden kann es kühl und staubig werden. Feste Schuhe.

AB DURCH DIE WELT

 ... im Erholungspark Marzahn

#23

Seit der Internationalen Gartenausstellung steht hier eine Seilbahn. Was überraschend klingt, ist gar keine Neuheit: Bereits in den 1950er-Jahren konnten die Berliner zwischen Zoologischem Garten und Bellevue hin- und hergondeln. In den 1960er-Jahren brachte eine Seilbahn Besucher auf den Teufelsberg. Heute ist die IGA-Seilbahn die einzige in ganz Berlin und bietet eine spannende Aussicht über die Stadt.

#Seilbahn #Flowerpower #Stadtnatur #OochditisBerlin

Vielfältig gestaltet und bepflanzt: Jeder »Garten« ist einzigartig und repräsentiert ein bestimmtes Land.

In den Gärten der Welt, dem vielleicht schönsten Park Berlins, lassen sich nicht nur Pflanzen und Blumen aus aller Welt bewundern.

Das tolle Panorama von der Seilbahn aus genießt man am besten gleich zweimal, indem man direkt beim Eingang Kienberg in die Gondel steigt, an der Zwischenstation wieder aussteigt, von hier eine Runde durch die Gärten dreht und auf dem Rückweg dann die ganze Seilbahnstrecke vom Blumberger Damm zurück zum Eingang Kienberg fährt.

Am Eingang Kienberg geht es also los, die Seilbahn führt direkt hinauf auf den Berg. An der Zwischenstation aussteigen und zum Wolkenhain laufen, einem in weißen Rundtreppen gehaltenen offenen Aussichtsturm. Auf 119 Metern, einer der höchsten Erhebungen

Berlins, hat man ein imposantes 360-Grad-Panorama über die Stadt, von den Marzahner Plattenbauten bis zum 15 Kilometer entfernten Tower am Tempelhofer Feld.

Im Halbkreis kann man nun die wichtigsten Sehenswürdigkeiten des Parks ablaufen: Hinter der Tälchenbrücke geht es zuerst nach links in den Chinesischen Garten, dem größten Europas mit einem wunderschönem Teepavillon.

Anschließend nach rechts, dort wartet der Japanische Garten mit traditionellen Stilelementen auf, direkt dahinter liegt der Koreanische Garten, der mit traditionellen Bauteilen von koreanischen Handwerkern errichtet wurde.

Weiter geht es zum wunderschön gestalteten Balinesischen Garten mitten im Gewächshaus. Der orientalische Garten nebenan zeigt neben vielen Blumen tolle Fliesenkunst. Man muss sich sputen, wenn man an diesem Tag außerdem noch den Italienischen Renaissancegarten und vielleicht sogar noch den Rosengarten und den Irrgarten sehen möchte.

Zwar gibt es mehrere Restaurants auf dem Gelände, aber am allerschönsten ist ein Picknick auf der Wiese. Also leckeren Proviant und eine Decke mitnehmen. Danach kann man dann den Park noch einmal von der Seilbahn aus von oben anschauen.

Tipp: Besser ein paar Stunden mehr einplanen, denn die Anfahrt dauert, und die Gärten

der Welt überraschen mit vielen spannenden und schönen Ecken, die man kaum alle an einem Tag anschauen kann.

FAZIT: IN WENIGEN STUNDEN DURCH DIE GANZE WELT, INKLUSIVE BERGBAHNFAHREN.

Hin & Weg: Vom Alexanderplatz mit der U5 in 30 Min. bis zur Haltestelle Kienberg (Gärten der Welt). Die Station liegt direkt gegenüber dem Eingang zu den Gärten der Welt. Infos zur Seilbahn unter www.seilbahn.berlin

Beste Zeit: Im Frühjahr zur Tulpenblüte, im Herbst zur Dahlienzeit. Die Gärten selbst erstrahlen natürlich von Frühling bis Herbst.

Dauer & Strecke: Wer die Gärten wirklich besichtigen will, sollte 3 bis 6 Std. plus Anreisezeit planen, man läuft mindestens 9 km. Wer lange Blumen bewundert oder noch mehr sehen will, sollte mindestens 5 Std. einplanen.

Ausrüstung: Gute Laufschuhe. Etwas Proviant und Wasser nicht vergessen.

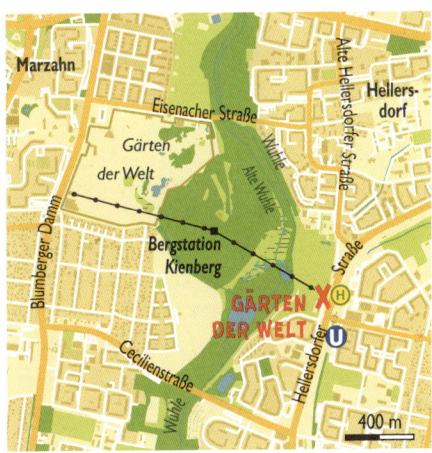

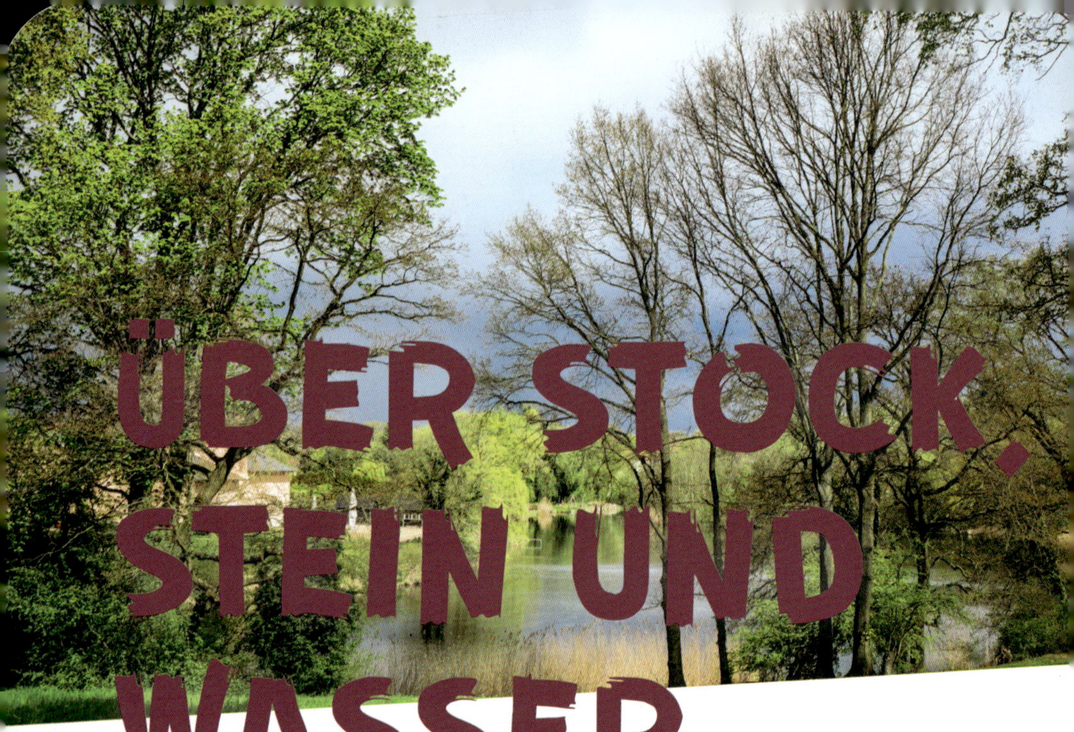

ÜBER STOCK, STEIN UND WASSER

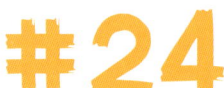

… Potsdams Highlights an einem Tag erleben

#24

Die überschaubare 10-Kilometer-Wanderung ist eine Abwandlung der ersten Etappe der 66-Seen-Wanderung und führt zu den schönsten Sehenswürdigkeiten Potsdams. Bei gutem Timing geht es mit dem Schiff weiter zu einer Rundfahrt auf dem Wasser.

#Wandern #Sightseeing #aufschmalenPfaden #Fährfahrt

Die Säulen auf dem Ruinenberg sind Zierde und nur scheinbar alt.

Vom Bahnhof geht's über die Babelsberger Straße zum Filmmuseum und über die Schloßstraße in das alte Viertel Am Neuen Markt mit seinen herrlichen renovierten Häusern. Es ist eines der am besten erhaltenen Barockviertel Europas. Wer jetzt schon hungrig ist: Im Restaurant Waage (www.restaurant-waage.de) kann man hervorragend essen.

Von hier aus zum Brandenburger Tor am Luisenplatz hinüberlaufen. Es ist eines der drei erhaltenden Stadttore aus dem Jahr 1770. Schräg über den Platz gelangt man in die Allee nach Sanssouci, an deren Ende auf der gegenüberliegenden Straßenseite der Schlosspark beginnt. Direkt neben der Friedenskirche kann man wunderbar zwischen alten Säulen wandeln, und ist noch nicht mitten unter den vielen Touristen im Lustgarten vor dem Schloss. Westlich des Schlosses befindet sich die historische Mühle. Wenn man hinter der Mühle der Straße An der Orangerie folgt, sind kaum noch Menschen unterwegs. Hier geht's am schönen Orangerieschloss vorbei und rechts in die Ribbeckstraße hinein. Bei der Königlichen Hofbäckerei auf dem Krongut Bornstedt ist Zeit für einen leckeren Kuchen, der nebenan am Bornstedter See vernascht werden kann.

Der nächste Halt ist der Ruinenberg: Dafür ein Stück die Straße zurückgehen und den

See in östliche Richtung umrunden. Dann die Bornstedter Straße überqueren und weiter gen Osten laufen. Der Ruinenberg ist nicht zu übersehen, es ist hier die höchste Erhebung. Oben thront ein Wasserspeicher, der zusätzlich ein paar künstliche Ruinen und Säulen erhalten hat, wie das zu Zeiten Friedrich des Großen Mode war.

Nach Osten führt nun der Weg An der Einsiedelei aus dem Waldstück heraus in eine Siedlung. Über Voltaireweg und Jägerallee gelangt man zur Alexandrowka, der Russischen Kolonie. Das kleine Dorf ist wie ein Kreuz angeordnet und für seine Blockhäuser und Gärten bekannt. In der Mitte befindet sich die Russische Teestube, nur eines von vielen sehenswerten Häusern. Hier unbedingt mal rund ums Haus nach dem hinteren Gebäude schauen!

Weiter geht's über die Alleestraße und den Neuen Garten zum Heiligen See. Der Weg schlängelt sich am Ufer des fast unwirklich klaren Sees entlang, vorbei an Ziegelhäusern im holländischen Stil. Etwas weiter nördlich passiert man das Marmorpalais, eines der bekanntesten Bauwerke Potsdams im Stil des Frühklassizismus. Am Ende des Sees links zum Cecilienhof einbiegen und zum Jungfernsee mit der Muschelgrotte laufen, ein seltsames kleines Gebäude und einst Treffpunkt für Friedrich Wilhelm II. und seine Mätressen. Kurz hinter der Muschelgrotte endet der Park.

Der schönste Weg zurück nach Berlin ist eine Fährfahrt mit der Stern- und Kreisschiffahrt nach Wannsee. Von Frühjahr bis Herbst fährt auch ein Wassertaxi in wenigen Minuten zum Potsdamer Hauptbahnhof.

Potsdams spannende Viertel auf kleinen Nebenwegen entdecken.

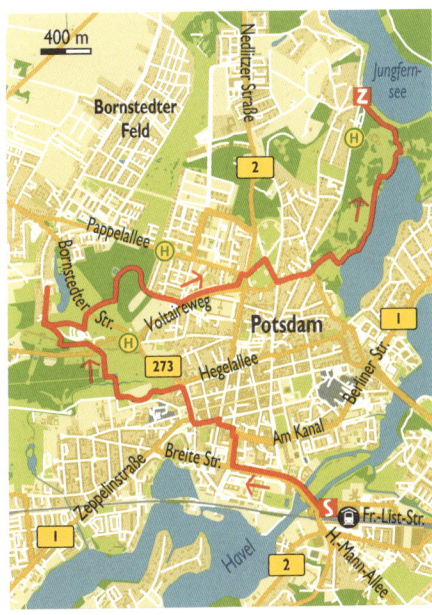

Hin & Weg: In 25 Min. vom Hauptbahnhof mit dem RE1 oder in 40 Min. mit der S-Bahn bis zum S-Bahnhof Potsdam Hauptbahnhof. Zurück mit dem Wassertaxi (www.potsdamer-wassertaxi.de), einer Rundfahrt per Schiff (www.sternundkreis.de) oder mit dem Bus 603 ab der Haltestelle Schloss Cecilienhof.

Beste Zeit: Als Sommer- sowie Winterspaziergang geeignet. Fährfahrten gibt es nur von freitags bis sonntags zwischen Mitte April und Mitte Oktober.

Dauer & Strecke: 3 Std. gemütliche Wanderzeit mit (Foto-)Pausen, 1 bis 3 Std. Fährzeit, ca. 10 km.

Ausrüstung: Kleingeld. Im Winter gutes Schuhwerk, nicht alle Wege sind gestreut.

VON DORF ZU DORF

> ... am Tegeler Fließ entlang durch das ländliche Berlin

#25

Ein schöner Tag im Spätfrühling, da lockt die Natur. Am liebsten soll es eine lange Wanderung sein, durch Obstplantagen, Wildwiesen, Feuchtgebiete, schöne Wälder. Zum Abschluss vielleicht noch ein paar Wasserbüffel? Das gibt es tatsächlich direkt an der Berliner Stadtgrenze. Die Tour startet am S-Bahnhof Mönchsmühle und führt am Tegeler Fließ entlang bis zum Tegeler See. Extrem unterschiedliche Landschaften wechseln sich hier auf engem Raum ab.

Die Wasserlandschaft bei Lübars wird über einen spannenden Bohlenweg durchquert. Der kleine Abstecher zum Köppchensee belohnt mit einem schönen Seeblick.

Ins Naturschutzgebiet geht's vom Startpunkt aus entlang der Gleise über den Wiesenweg, die Straße Am Arkenberg und die Hauptstraße. Kurz hinter einem weißen Kleingartenhäuschen biegt – mit einer rot-weißen Schranke gekennzeichnet – ein Weg in den Wald ein. Hier auf dem mittleren Weg bis zum Waldspielplatz laufen, dann weiter geradeaus, der Weg führt nun am dicht bewachsenen Schwarzwassersee entlang, der durch das Entengequake eher zu hören als zu sehen ist. Am Ende des Sees beginnt der Barnimer Dörferweg, auf dem es fortan weitergeht. Bald erreicht man die schönen Niedermoorwiesen des Tegeler Fließes. Seit einigen Jahren erhalten Freiwillige die schöne Kulturlandschaft aus den 1950er-Jahren mit vielen alten Apfelsorten. Einmal im Jahr wird geerntet. Der Weg führt über einen kleinen Hügel mit toller Aussicht weiter nach Alt-Lübars. Der Dorfkern ist

der älteste Berlins. Bei der Eisdiele Angelina (Dorfstraße 36) kann man sich erfrischen, bevor es über Felder weiter nach Lübars geht. In der Ferne ahnt man die Häuser der Großstadt, hier geht es aber immer noch sehr ländlich zu.

Bald gelangt man auf einen Bohlenweg. Dieser schützt nicht nur die Natur, sondern auch vor nassen Füßen. Rechts im Schutzgebiet tummeln sich Vögel, während links hinter dem Zaun Hühner gackern und Schweine grunzen. Hinter einer Brücke geht der Bohlenweg durch die spektakuläre Wasserlandschaft des Fließes weiter. Am Ende des Bohlenweges nach links gehen und nach etwa 100 Metern links in den rot-weiß gekennzeichneten Wanderweg einbiegen. Der Weg schlängelt sich nun an den Häusern entlang, links liegen Wiesen und kleine Waldstücke. Im Aargaard Atelier und Café (www.aagaard-galerie.berlin) kann

man einkehren, bevor es auf den Wanderweg zurück zum Tegeler Fließ geht. Am Fließ rechts am Ufer entlanglaufen.

Der Weg ist hier halb städtisch, halb natur- geprägt und führt durch ein feuchtes Bachtal gen Westen. Die Berliner Straße muss über- quert werden, das Dorfgefühl ist für einen Mo- ment verschwunden. Nach 50 Meter geht's links wieder auf den Wanderweg und weiter am Fließ entlang zu den Nasswiesen. Das Gebiet ist eingezäunt und steht unter Schutz. Mit etwas Glück trifft man im südlichen Teil auf die hier ausgesetzten Wasserbüffel, die seit einigen Jahren erfolgreich dafür sorgen, dass die Vegetation nicht zu dicht wird. Am Waidmannsluster Damm angekommen, kann man entweder den Bus zum S-Bahnhof Te- gel nehmen oder rechts den Nordgraben hinunterlaufen und am Tegeler See die Aus- sicht genießen. Zum Einkehren bieten sich die urigen Tegeler Seeterrassen im 1960er- Jahre-Stil an (www.tegeler-seeterrassen.de) oder weiter im Süden das Fischerman's (www.fishermans-berlin.de).

Der Dorfkern Alt-Lübars ist der älteste Berlins.

FAZIT: ABWECHSLUNGS- UND WASSER-REICHE WANDERUNG IM BERLINER STADT-GEBIET.

Hin & Weg: Start am S-Bahnhof Mönchsmühle, zurück ab S-Bahnhof Tegel.

Beste Zeit: Frühjahr/Sommer; die Wasserbüffel stehen erst ab frostfreien Nächten am Fließ. Wer es ruhiger mag, kommt im Winter

Dauer & Strecke: 5 bis 6 Std. ohne Anfahrt, ca. 18 km.

Ausrüstung: Obwohl nur wenige Meter hinter der Berliner Stadtgrenze, braucht man ein Ticket für den Berliner C-Bereich. Genügend Proviant und Wasser. Je nach Jahres- und Uhrzeit gibt es bis Tegel wenige Einkehrmöglichkeiten.

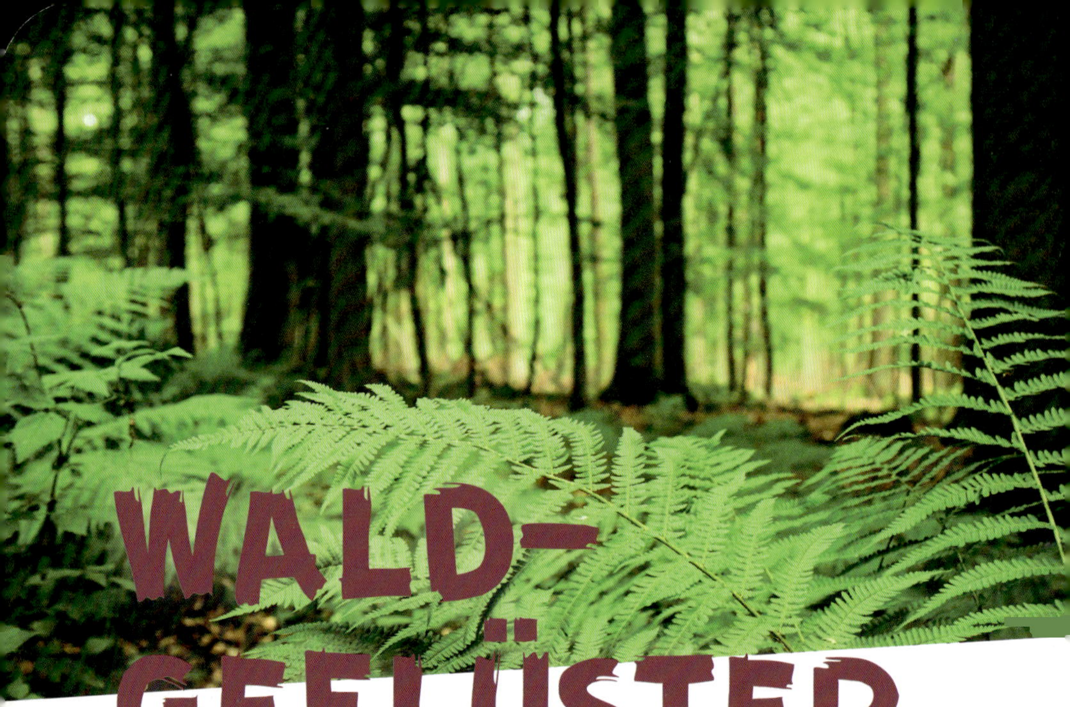

WALD-GEFLÜSTER

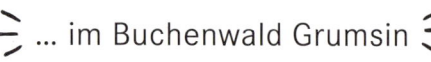

... im Buchenwald Grumsin

#26

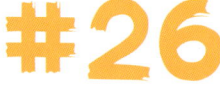

Manch einer weiß gar nicht, dass es auch in Brandenburg uralte Wälder gibt. Der wohl schönste: der Buchenwald Grumsin im Biosphärenreservat Schorfheide-Chorin, UNESCO-Weltnaturerbe mit 3000 Jahren Waldgeschichte. Auf dieser Tageswanderung wird das gesamte Gebiet des Buchenwaldes umrundet.

#Wandern #Wildlife #Weltnaturerbe #Idyllepur

Der Buchenwald Grumsin ist UNESCO-Gebiet. Durch die Gegend führen verschiedene Wanderwege unterschiedlicher Länge.

Seen, Moore, seltene Tiere und natürlich hochbetagte Bäume: der Buchenwald Grumsin ist es wert, die Wanderschuhe zu schnüren. In Altkünkendorf starten verschiedene Wanderungstrecken, die unterschiedlich lang und mit verschiedenfarbigen Buchenblättern gekennzeichnet sind.

Auskünfte erhält man am Informationspunkt Buchenwald Grumsin. Hier startet auch die längste, etwa 20 Kilometer umfassende Tageswanderung um das gesamte Gebiet. Man sollte sich ruhig acht Stunden Zeit nehmen, denn es gibt viele schöne Plätze, an denen es sich lohnt zu verweilen. Der Weg führt vom Informationspunkt entlang einer Kastanienallee

nach Norden und biegt nach Westen zum idyllischen Wolletzsee. Dieser gehört nicht zum UNESCO-Gebiet, ist jedoch mit einer schönen Badestelle ausgestattet und einen Abstecher wert. Weiter gen Osten geht's nun durch den Angermünder Stadtwald, wo im Frühling ein Meer aus Buschwindröschen den Boden bedeckt, im Sommer lockt Schatten, im Herbst die schönen Blätterfarben. Am Ende des Wolletzsees geht es noch einmal direkt am Ufer entlang, bevor der Weg nach Süden knickt und nach einer halben Stunde beim Örtchen Gehegemühle eine Asphaltstraße überquert.

Der Wanderweg führt nun durch weite Felder, nach einer weiteren halben Stunde erreicht

Rund um das Gebiet des Buchenwaldes blühen die Mohnblumen – im Frühjahr ein herrliches Bild.

man Zuchenberg. Ab hier beginnt der Buchenwald, mit der Rast wartet man am besten jedoch noch bis zum Großen Plunzsee, an dessen Ufer man die Aussicht genießen kann. Die Hälfte des Wanderweges liegt hinter uns, der Rest des Weges führt teils am Wald entlang, teils in den Buchenwald hinein. Kleine Tümpel und Moore ermöglichen an manchen Stellen Erlenbruchwälder, zum Teil hat sich bereits ein dichter Urwald gebildet. Nach dem Plunzsee klickt der Weg nach rechts und führt nun gen Westen zum Milchschafhof Luisenfelde,

Im Buchenwald Grumsin gibt's einen großen Bestand alter Buchen.

wo ein kurzer Stopp lohnt. Der Hofladen hat nachmittags geöffnet. Weiter geht's erneut in den dichten Blätterwald hinein zu einem Seitenarm des Brackensees mit seinem wilden Ufer. Nach weiteren eineinhalb Kilometern gelangt man an eine Abzweigung. Hier wendet man sich nach Norden (rechts) und läuft am Großen Schwarzen See vorbei, der traumhaft versteckt mitten im Buchenwald liegt und sich langsam renaturiert, nachdem die Entwässerung umliegender Moore und die Bewirtschaftung durch die Fischer dem See früher sehr zugesetzt haben. Man kann auch direkt am Ufer entlanglaufen, was einen kleinen Umweg bedeutet. Auf dem Hauptweg erreicht man nach etwa einer weiteren Stunde den Ausgangspunkt Altkünkendorf.

Das Ende der Tour lässt sich bei moderner Küche in Grambauers Kalit (www.grambauers-kalit.de) in Angermünde auf der schönen dicht bewachsenen Terrasse genießen.

Tipp: Ein Wochenendbesuch bietet sich in Kombination mit dem Unteren Odertal (Eskapade #42) oder einer Baumhausübernachtung (Eskapade #51) an.

Wer an einem Tag noch mehr erleben möchte, kann zur Blumberger Mühle fahren, einem Informationszentrum des NABU mit dem angrenzenden Naturschutzgebiet der Blumberger Teiche, das sehenswerte Ausstellungen, eine Erlebnislandschaft und ein Restaurant bietet (www.blumberger-muehle.de). Der Biberbus fährt hier vorbei, eine Alternative ist der Rufbus Angermünde.

FAZIT: WER DEN WALD LIEBT, DARF DIESEN BUCHENWALD NICHT VERPASSEN. DURCH DIE VIELEN STOPPS AN DIVERSEN SEEN EINE SEHR ABWECHSLUNGSREICHE TAGESWANDERUNG.

Hin & Weg: Mit dem RE3 in knapp 80 Min. bis Angermünde, weiter mit dem Biberbus 496 nach Altkünkendorf. Zurück entweder mit dem Biberbus oder von der Blumberger Mühle auch mit dem Rufbus (beides auf www.uvg-online.com).

Beste Zeit: April bis Oktober. Im Frühjahr hat man die Chance auf großartige Mohnblumenfelder. Mehr auf www.weltnaturerbe-grumsin.de

Dauer & Strecke: 8 Std. ohne Anfahrt, ca. 20 km.

Ausrüstung: Gutes Schuhwerk, Mückenschutz. Im schattigen Wald sind die Biester gerne auch tagsüber bissig. Genügend Wasser und Proviant, da unterwegs keine Möglichkeiten zum Einkehren bestehen.

DAS GLÜCK DIESER ERDE

÷ ... im Norden Brandenburgs finden ÷

#27

Auf Kamelen reiten sei eine der meditativsten Tätigkeiten der Welt, sagen die, die es wissen müssen. Wenn dieser kurzweilige Tagesausflug mit einem Wort zusammengefasst werden sollte, wäre das wohl »Zufriedenheit«. Die können gestresste Großstädter auf der idyllischen Kamelfarm im kleinen Nassenheide nördlich von Berlin erleben.

Kuscheln geht besonders gut mit den kleinen Kameljungen, die dazu genüsslich murmeln.

beiden Höckern hin und her. Der alte Vierseitenhof in Nassenheide dient seit einigen Jahren als Kamelfarm mit 13 Trampeltieren. Trampeltiere sind die zweihöckrige asiatische Art, die zusammen mit den westlichen Dromedaren mit nur einem Höcker die Gruppe der Altweltkamele bilden. Während auf der Koppel ein paar Runden gedreht werden, erklärt Gabriele Heidicke das Verhalten sowohl der Tiere als auch der Menschen, die auf ihnen sitzen. »Von den Kamelen lernen heißt, Zufriedenheit lernen«, sagt die Besitzerin voller Überzeugung. Kamele sind keine Fluchttiere und reduzieren ihren Energieverbrauch, indem sie zum Beispiel auf Kämpfe innerhalb der Art verzichten. Das merkt man, die Gelassenheit der Tiere überträgt sich umgehend auf die Reiter.

Die Hände hinein ins Fell, den Hintern anspannen, schon ertönt der Ruf von Gabriele Heidicke und das Trampeltier zieht sich nach oben – eine wacklige Angelegenheit. Ist das Tier aber erst einmal losgelaufen, schwankt der eigene Körper gemütlich zwischen den

Die »Erlebnisstunde Kamel« beginnt mit einer Einführung und einer Kuschelstunde: Die Kamele können dabei einfach gestreichelt oder gebürstet werden, es geht darum, eine Bezie-

hung aufzubauen und die Ruhe der mächtigen und friedlichen Tiere zu spüren. Die jüngeren Tiere »murmeln« dabei und scheinen den Besucher mit ihren großen Augen unter den schönen langen Wimpern hypnotisieren zu wollen. Der schöne Hof tut dabei sein Übriges und lässt einen das Stadtleben komplett vergessen. Zum Abschluss der Erlebnisstunde kann auf den größeren Tieren geritten werden. Die Tiere werden hier nicht als Nutz- oder Reittiere verstanden, sie sind Partner und Kuscheltier in einem.

Das intensive Erlebnis kann durch eine Gruppenwanderung ergänzt werden, die bis zu drei Stunden durch die Gegend führt. Dabei können Akmaja, Khalif & Co. noch ein wenig besser kennengelernt werden. Anschließend fährt man garantiert tiefenentspannt in die Stadt zurück.

FAZIT: FELLIGSTER RUHEPOL IN BRANDENBURG MIT ZUFRIEDENHEITSFAKTOR.

Hin & Weg: Mit der S1 von Friedrichstraße bis Oranienburg. Dann mit dem RB Richtung Templin nach Nassenheide oder mit dem Bus 802/803 Richtung Löwenberg bis Nassenheide Kirche. Der Kamelhof befindet sich in der Straße Am Dorfanger 12.

Beste Zeit: Frühling, denn dann tragen die Trampeltiere ihr langes, weiches Fell. Wer möchte, kann von April bis Oktober sonntags auch einfach gegen kleines Geld zum »Schnuppern« auf den Hof kommen. Eine telefonische Absprache ist ratsam (www.kamelhof-nassenheide.de).

Dauer: Je nach Absprache 2 bis 4 Std. plus Anreise.

Ausrüstung: Bequeme, lange Hosen; Verpflegung. Es gibt in unmittelbarer Nähe keine Einkehrmöglichkeiten.

MATSCHEN IM MÄRCHEN-WALD

 ... auf dem Briesesteig bei Birkenwerder

#28

Die Briese ist ein kleiner Nebenfluss der Havel und komplett naturbelassen. Mischwälder und eine wasserreiche Erlenbruchlandschaft prägen die Gegend. Das Highlight sind die geheimnisvollen »Wasserwälder«: Bäume, die mitten im Wasser stehen. Für die Wanderung sollte man sich viel Zeit nehmen, um die Landschaft wirken zu lassen.

#Wasserwälder #Badestelle #Waldwanderung

Gestartet wird am Bahnhof Zühlsdorf. Ein Stück die Bahnhofsstraße entlang, schon biegt man automatisch in die Dorfstraße. 200 Meter weiter geht es rechts in den Schmiedeberg und in die Mühlenstraße. Nach 100 Metern zweigt der Weg zur Mühle rechts von der Mühlenstraße ab und führt zur Zühlsdorfer Mühle. Jetzt geht es rein in den Wald mit vielen Eichen und Buchen. Nach der Mühle die Briese überqueren und links in den Briesesteig einbiegen.

Bei der Alten Försterei Wensickendorf hat man bereits vier Kilometer hinter sich. Das

schöne Gebäude ist eine kurze Pause wert, bietet allerdings nur am Wochenende Einkehr. Wer mag, kann von hier aus sogar mit Eseln an der Briese entlangwandern.

Vom Forsthaus geht's ein Stück nach Süden und über die Briese hinüber und nach rechts, am südlichen Ufer der Briese entlang. Ab jetzt wird es spannend. Erlen und Birken ergänzen den Wald, von dem slawischen Wort Breza (Birke) hat die Briese auch ihren Namen. Die ersten Wasserwälder tauchen auf, still stehen die Bäume im grünen Wasser. Der Wald ist ungewohnt ruhig. Biber haben hier ganze

Die Alte Försterei hat am Wochenende geöffnet. Wer unter der Woche wandern geht, sollte Proviant mitnehmen.

ein bisschen an den Spreewald. Tiere sind wenige zu sehen oder zu hören, selten quakt ein Frosch, sonst ist es leise, eine Schlange windet sich schnell ins Wasser.

Nach insgesamt etwa zehn Kilometern ist der Spuk vorbei, und man gelangt zu den ersten Häusern. Wer von hier abkürzen möchte, biegt hinter dem Biergarten Briesekrug auf der Fichteallee nach Süden (links) und läuft direkt zum Bahnhof.

Alle anderen laufen nach Norden (hinter dem Briesekrug rechts) zum Briesesee. Die Badestellen laden zu einem Sprung ins Wasser ein.

Dann geht's weiter Am Waldfriedhof entlang und auf den Wensickendorfer Weg. Nach der Autobahnüberquerung führt die zweite Linkskurve zum Boddensee, an dessen nördlichem Ufer eine Seeterrasse lockt, den Ausklang

Arbeit geleistet und stauen das Wasser immer wieder auf, sodass der Wald teilweise im Fluss versinkt.

Nach zwei weiteren Kilometern führt an der Straße Schlagbrücke eine Treppe hinauf. Nach der Überquerung dann am südlichen Ufer weiterwandern. Ab hier ist am Wochenende etwas mehr Betrieb, viele Ausflügler starten in Birkenwerder und laufen im Rundweg bis zur Schlagbrücke und zurück beide Ufer der Briese ab.

Nun wird es richtig märchenhaft, denn es geht durch einen Erlenbruchwald und alte Torflandschaft. Die im Wasser stehenden Bäume bilden eine Totholzlandschaft, die leicht gruselig anmutet. Die Spiegelungen erinnern fast

Hin & Weg: In etwa 1 Std. mit der S2 vom S-Bahnhof Friedrichstraße nach Karow und mit dem RB27 nach Zühlsdorf. Zurück ab Birkenwerder mit der S1.

Beste Zeit: Im späten Frühling, wenn sich die Gräser und Biber zeigen und im Forsthaus Maibowle angeboten wird.

Dauer & Strecke: 4 bis 5 Std., ca. 14 km.

Ausrüstung: Badesachen, falls man in den Briesesee springen möchte. Bargeld zum Einkehren. C-Ticket für das Berliner Umland. Gute Wanderschuhe, denn der Weg ist uneben und teils matschig. Mückenschutz. Proviant, es gibt unter der Woche keine Einkehrmöglichkeit.

Still ist es im Erlenbruchwald. Nur die Mücken summen unentwegt.

der Wanderung zu begehen. Auf dem Weg überquert man auch noch ein letztes Mal die Briese. Zur S-Bahn-Station geht es östlich vom See entlang der Gleise zurück.

FAZIT: VIEL WALD, VIEL WASSER UND EINE MÄRCHENHAFTE LANDSCHAFT.

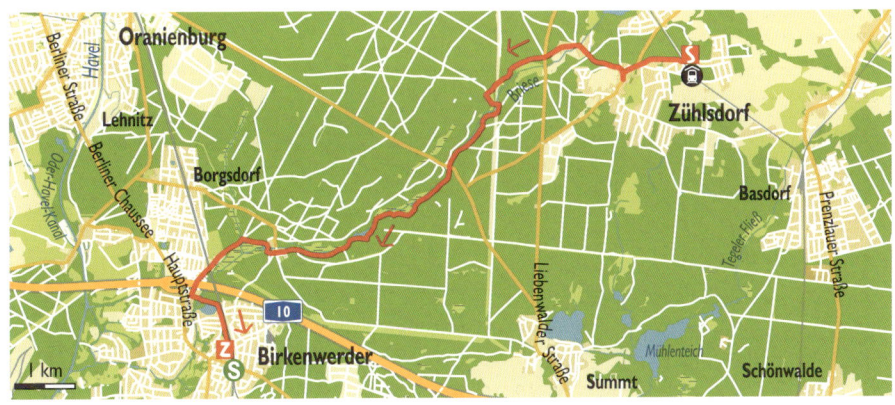

UND SIE LÄUFT UND LÄUFT ...

 ... mit der Draisine rund um Zossen unterwegs

#29

Man muss nicht alles mitmachen, was sich die Brandenburger als Abenteuer-Land-erlebnis für gestresste Berliner ausge-dacht haben. Aber eine Draisinenfahrt sollte man unbedingt erleben, sie ist einfach das beste Gute-Laune-Mittel.

den Übergang durch hektisches Winken in Richtung der Autofahrer. Die anderen heben die Schranken, damit die Draisine passieren kann. Unter großem Gejohle springen die Sicherungsleute dann wieder auf die Draisine auf, sehr zum Amüsement der Autofahrer. Nach Zossen geht es gleich ins Grüne hinein. Der Weg ist nicht zu verfehlen, es geht schlicht auf den Schienen geradeaus. Abzweigungen sind per Weiche voreingestellt.

Die meiste Zeit geht es über zugewucherte Gleise durch den urigen Wald. Zwischendurch blitzt der Mellesee zwischen den Bäumen hervor, eine Wiese bringt Abwechslung, und ach, da kommt schon wieder ein Bahnübergang. Eine gute Zwischenstation ist der Bahnhof Rehagen (bahnhof-rehagen.de, siehe auch Eskapade #45), der sich mit seiner französischen Küche wunderbar für ein Mittagsmahl eignet. Besser vorher reservieren, das Restaurant ist beliebt und durch Hochzeiten regelmäßig ausgebucht. Die Draisine kann man derweil auf ein Nebengleis schieben; einfach im Restaurant nachfragen, wo man sie parken soll. Danach geht es durch den Wald weiter. Wahrscheinlich ist man bislang viel zu schnell gefahren, aber jetzt unbedingt das Tempo drosseln. Ein bisschen Genießen ist nun angesagt. Natürlich darf auch jederzeit angehalten werden. Das schöne alte Gleisbett lädt zu kleinen Spaziergängen ein.

Je nach Tour fährt man insgesamt 25 Kilometer bis nach Jänickendorf, Schnuppertouren gehen bis Sperenberg.

Tipp: Wem der Süden zu weit ist, der kann Gleiches auch im Norden erleben, sogar auf einer 34 Kilometer langen Strecke: Die Erlebnisbahn hat in Templin und Fürstenberg weitere Draisinenstationen errichtet.

Das perfekte Erlebnis geht so: In Zossen steht eine Hebeldraisine bereit, die bis zu zwölf Leute aufnehmen kann. Für zwei bis drei Leute gibt es die kleinen Fahrraddraisinen, die mit Pedalen angetrieben werden.

Draisine fahren ist ein Teamerlebnis, alleine lassen sich die großen Hebel nicht bewegen. Einen Chauffeur gibt es nicht, man muss sich schon selbst ins Zeug legen. Die großen Draisinen brauchen ordentlich Kraft, um durchzustarten. Am besten packt man gleich zu viert oder zu sechst an und hebelt: hoch und runter, hoch und runter.

Gleich zu Beginn muss ein Bahnübergang bewältigt werden. Die Aufgaben werden fix verteilt: Einer bremst die Draisine, zwei bis vier Leute steigen aus, davon sichert die Hälfte

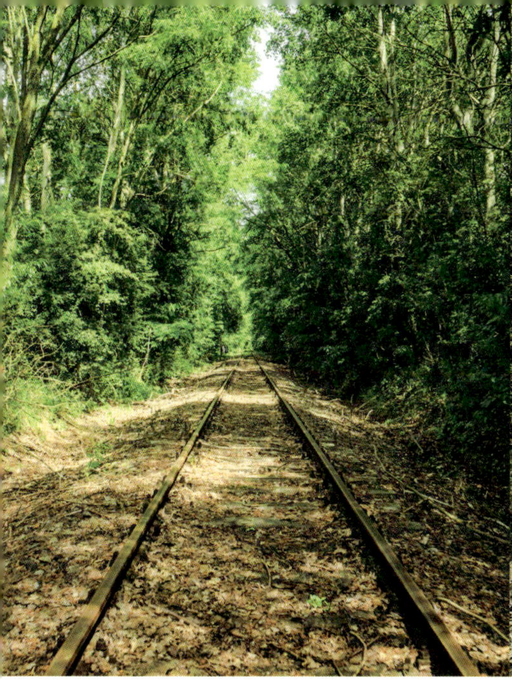

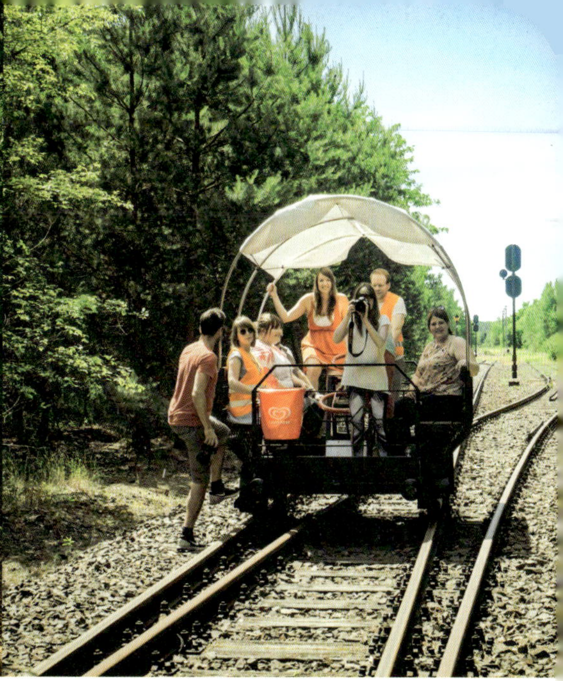

Das Fahren einer Draisine ist Teamsache, alle müssen mit anpacken.

FAZIT: OPEN-AIR-FAHRVERGNÜGEN DURCH SCHÖNE LANDSCHAFT.

Hin & Weg: Mit der Bahn in knapp 1 Std. von Berlin Hauptbahnhof nach Zossen. Entweder nach Zossen zurück mit der Draisine oder Rücktransport von Jänickendorf über die Erlebnisbahn organisieren lassen (www.erlebnisbahn.de).

Beste Zeit: Im Sommer lockt das schöne Wetter, aber auch im Winter kann man fahren – Schneefreiheit vorausgesetzt. Die großen Draisinen haben zudem ein Dach, das vor zu viel Sonne und Regen schützt.

Dauer: 1 bis 5 Std., je nach Länge der Tour und Pausen.

Ausrüstung: Getränke. Wer nicht einkehren möchte, nimmt sich Proviant für ein Picknick auf der Draisine mit.

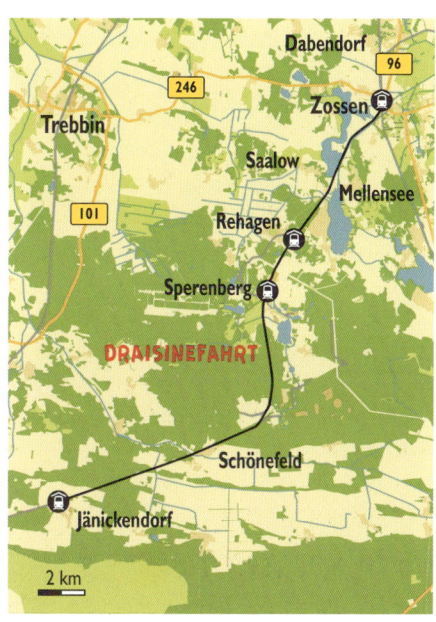

GLETSCHER-FARBEN

 ... entdecken am Liepnitzsee

 **#30**

Sobald die ersten Sonnenstrahlen Berlin anwärmen, scheinen sich sämtliche Berliner an Badeseen zu tummeln. Wer auf eine freie Badestelle hofft, fährt ein bisschen weiter ins Umland. Perfekt dafür: Der Liepnitzsee, der als schönster See Brandenburgs gehandelt wird.

#Traumsee #Zelten #Hängematte #Sommerfrische

An der Anlegestelle wartet man auf die Fähre Frieda, um zur Insel Große Werder überzusetzen. Manchmal hilft winken.

Der Liepnitzsee mag kein Geheimtipp mehr sein, aber ohne direkten Bahnanschluss ist er immer noch etwas leerer als viele andere. Beide Uferseiten sind bewachsen, die Sandstellen sind in der Regel gut besucht, hier am Liepnitzsee findet man aber zwischen den Bäumen am Ufer noch genügend Stellen, von denen man ganz allein in das glasklare und an manchen Tagen erstaunlich türkisgrüne Wasser springen kann.

Wer mit der Regionalbahn zum Bahnhof Wandlitzsee fährt und von dort die restlichen drei Kilometer mit dem Fahrrad auf dem Lanker Weg bis zum See zurücklegt, sollte Zeit mitbringen. Auf der eingleisigen Strecke, die sich am S-Bahnhof Karow auch das Gleis mit der S-Bahn teilt, muss die Bahn auch schon mal den Gegenverkehr abwarten. Zeit lässt sich sparen, indem man vom S-Bahnhof Bernau die gut zwölf Kilometer mit dem Fahrrad über-

Das Ufer des Sees ist eng mit Bäumen bewachsen, so finden sich viele kleine romantische und blickdichte Buchten.

und biegt automatisch in den Wald Richtung See. Von Süden kommend erreicht man eine beliebte Badestelle am südwestlichen Ufer. Von hier aus gelangt man gen Osten zu mehreren Badebuchten, gegenüber sieht man bereits das Strandbad und hat außerdem einen guten Blick auf die Insel Große Werder mitten im See. Dort befindet sich ein kleines Gartenlokal mit Snacks.

Zur Insel kann man entweder per Boot paddeln, der Bootsverleih befindet sich hinter dem Strandbad an der Nordseite, oder mit der schnuckeligen Fähre Frieda von Ützdorf übersetzen. Die Anlegestelle ist am östlichen Nordufer, die Fähre fährt stündlich oder bei Bedarf, wenn genügend Leute winken (www. liepnitzinsel.de).

brückt. Der Fahrradweg ist nicht besonders abwechslungsreich, aber gut ausgebaut und führt die Oranienburger Straße und Wandlitzer Chaussee immer geradeaus gen Norden

Die komplette Seerunde kann auf einer schönen acht Kilometer langen Strecke erwandert werden. Das ist besonders im Nordteil loh-

Das türkisfarbene Wasser macht Lust auf eine Runde Schwimmen oder eine kleine Bootstour.

nend, denn hier befindet sich ein kurzer Höhenweg, von dem man herrliche Ausblicke auf den See und die beeindruckende Farbe hat. Ein paar Tische laden zwischen den Buchen zum Picknicken ein. Die abschüssige Böschung zum Wasser ist zum Schutz der Flora gesperrt. Nach etwa zwei Kilometern führt der Weg wieder hinunter zum Wasser, eine schöne Strandbadestelle lädt zum Verweilen, direkt dahinter ist die Anlegestelle der Frieda.

Tipp: Wer noch etwas bleiben mag, findet nur wenige Minuten nordöstlich der Fähranlegestelle den Campingplatz Am Liepnitzsee. Der Zeltplatz auf der Insel ist Vereinsmitgliedern vorbehalten. Oder man macht es sich einfach in einer Hängematte gemütlich, Bäume gibt es dafür jedenfalls genug.

FAZIT: TOLLSTES SEEWASSER BERLINS. LOHNT SICH AUCH FÜR EINEN TAG, LÄNGER BLEIBEN IST ABER NOCH SCHÖNER.

Hin & Weg: Vom Bahnhof Friedrichstraße mit der S-Bahn bis Karow, von hier mit dem RB27 bis zum Bahnhof Wandlitzsee, insgesamt etwa 1 Std. Wer nicht auf den RB angewiesen sein will, fährt mit der S-Bahn nach Bernau und von dort die 12 km mit dem Fahrrad. Die richtige Radroute ist nicht zu verfehlen.

Beste Zeit: Sommer.

Dauer: 1 bis 2 Tage.

Ausrüstung: Toilettenpapier, an den Badestellen gibt es einige mobile Toiletten. Proviant und genügend Wasser. Mückenschutz nicht vergessen!

ÜBER DEN WOLKEN

... mit dem Segelflugzeug starten vom Flugplatz Schönhagen

#31

Die Großstadt hat schon ihre Vorteile. So finden sich hier in der Nähe zum Beispiel eine Menge flugbegeisterter Menschen, die auf kleinen Flugplätzen ihrem Hobby frönen. Der Fliegerclub Schönhagen versammelt nicht nur solche Menschen, er bietet Segelflug-Interessierten auch günstige Schnupperflüge an.

#jottweedee #imHimmel #Segelfliegen #wieeinVogel #endlichRuhe

Mit dem Segelflugzeug geht es geräuschlos in den Himmel

Der Flugplatz Schönhagen ist »jottweedee«, wie der Berliner so schön sagt. Am besten fährt man mit dem Auto. Eine Voranmeldung ist Pflicht, insofern ist der Flughafen-Empfang bei der Ankunft schon informiert und ruft bei den Segelfliegern an, damit sie einen abholen.

Das Segelflugzeug sieht erstaunlich klein aus, es ist kaum zu glauben, dass zwei Leute hineinpassen sollen. Nach dem Anlegen des Fall-schirms wird eingestiegen. Der Steuerknüppel zwischen den Beinen, ein Headset auf dem Kopf und die unverständlichen Schaltinstrumente geben sofort ein Flugschülergefühl. Ja, das ist hier authentisch und keine Touristen-Nummer.

Der Pilot erklärt noch kurz, was man nicht anfassen sollte, weil dann das Verdeck aufklappen oder andere Dinge passieren könnten, die

133

Nur gucken, nicht anfassen: Als Flugschüler darf man die Instrumente nur beobachten.

Ein Ruck, ein kurzes Holpern auf der Wiese, noch ein Ruck, und ab geht es mit hoher Geschwindigkeit in die Luft.

Der Wind macht Geräusche, aber sonst – nichts. Kein Brummen, kein Schnarren, einfach gar nichts, nur der Wind. Dann ein lautes Geräusch, das Seil ist gelöst und fällt nun auf den Boden.

Das Flugzeug segelt einfach weiter. Die Sonne scheint einem auf den Kopf, es wird warm. Bald hat der Segler genügend Höhenmeter erreicht und die erste Runde wird gedreht. Der Flughafen ist deutlich zu erkennen und schon wieder aus dem Blickfeld verschwunden, die Felder schneiden gerade Linien in die Welt und die Wolken zeichnen unförmige Schatten auf die Erde.

Der Pilot muss nun Thermik, aufsteigende Warmluft, finden, um möglichst lange segeln zu können. Manchmal gelingt das nur wenige Minuten, mit Glück bleibt das Flugzeug eine ganze Stunde oben. Die Hühnerfarm unten helfe ein

man nicht erleben möchte – und schon geht es los. Ein riesiger Truck mit einer 40 Jahre alten Seilwinde als Aufbau hat in einiger Entfernung schon das Seil straff gespannt, Flugschüler richten das leichte Flugzeug aus – und geben das Zeichen zum Start.

Schönhagen von oben. Und hinterher ist noch Zeit für ein Erinnerungsfoto.

bisschen, heißt es, die Wärme der Tiere gebe Auftrieb. Ob das nun ernst gemeint ist, bleibt unklar, von hinten ist die Mimik des Piloten schwer zu erkennen. Kommuniziert wird über ein Headset. Noch eine Runde und noch eine, ein kleiner Auftrieb schubst den Flieger noch ein letztes Mal nach oben. Weiter unten drehen große Raubvögel ihre Runden und scheinen sich nicht am Flugobjekt zu stören.

Die Erde kommt nun in Kreisen immer näher – ein langsamer Abschied. Nach 20, 30 Minuten reicht es auch erst einmal, denn mittlerweile ist es wirklich warm im Cockpit. Sanft und nur mit einem kleinen Ruckler setzt das Flugzeug nach einer Viertelstunde wieder auf.

Wer freundlich war und nett fragt, darf vielleicht noch eine Runde im Truck sitzen und erleben, wie die Seilwinde gelöst wird. Und vielleicht möchte man dann wiederkommen: Eine Segelfluglizenz ist im Gegensatz zur Pilotenlizenz wirklich bezahlbar.

FAZIT: IM HIMMEL. WORTWÖRTLICH.

Hin & Weg: Am besten mit dem Auto. Alternativ mit dem RE in 30 Min. nach Trebbin, dann noch 7 km mit dem Fahrrad nach Schönhagen.

Beste Zeit: Frühling, Sommer, Herbst. Bei Regen oder starkem Wind ist ein Segelflug nicht möglich, im Zweifel am Flugplatz anrufen. Eine Vorreservierung ist erforderlich (www.flugplatz-schoenhagen.aero).

Dauer: 10 bis 30 Min. in der Luft, je nach Thermik. Mindestens 1 Std. einplanen für Wartezeit plus anschließend 1 weitere Std. zum Zuschauen.

Ausrüstung: Eine Kopfbedeckung bei Sonnenschein. Alles andere wird gestellt.

GRENZEN ERKLETTERN

 ... im Kletter- und Wildtierpark Klaistow

#32

In Baumwipfeln herumklettern, mehrere Meter über dem Boden Geschicklichkeitsübungen absolvieren und an einer Seilrutsche durch die Bäume sausen – kaum etwas lenkt mehr vom Alltagsstress ab als Konzentration und Natur. Im Kletterwald Klaistow gibt es beides – und noch einiges mehr.

#Rutschen #Mutprobe #Waldtiere #Scheunenlokal #Leckerbissen

Der Spargelhof Klaistow, wie dieser Ort offiziell heißt, bietet mehr, als sein Name vermuten lässt. Hier findet man auch Beeren-Selbstpflückfelder, ein Wildtiergehege, ein Scheunenlokal, einen gut sortierten Hofladen – und, für alle Abenteurer, einen großen Kletterwald.

Die meisten erwachsenen Besucher kommen tatsächlich wegen des Essens, während die Kinder sich aufs Ziegenstreicheln und den riesigen Spielplatz freuen.

Im Sommer und zur Spargelsaison herrscht hier Hochbetrieb, daher empfiehlt sich die Nebensaison. Der Kletterwald hat wechselnde Öffnungszeiten, eine telefonische Reservierung ist aber sowieso ratsam. Nach Klärung der Mindestgröße (1,30 Meter!) und einer kurzen Einweisung in die Sicherungstechnik geht es auch schon los, ab in die Höhe! 1200 Meter müssen jetzt auf verschiedene Arten überwunden werden: Über schwingende Balken, Netze, Leitern, Holzsessellifte und Rutschen geht es von Baum zu Baum bis zu sechs Meter über dem Boden.

Am Schluss wartet eine 200 Meter lange Seilrutsche. Zweieinhalb Stunden sind für die komplette Strecke angegeben, allerdings kommt es sehr darauf an, wie »diszipliniert« man den Parcours hinter sich bringt.

Größere Gruppen brauchen länger, da unterwegs immer wieder ausführlich Erfahrungen mit den Mitstreitern ausgetauscht werden müssen. Nachdem der Erfolg der absolvierten Klettertour gefeiert und verdaut ist, unbedingt noch eine Runde durch den Wald und das

Im Kletterwald Klaistow gilt es, Herausforderungen zwischen den Baumwipfeln zu meistern. Im Wildtiergehege können Wildschweine und Mufflons beobachtet werden.

großzügige angrenzende Wildtiergehege drehen. Je nach Jahreszeit trifft man hier kleine Wildschweinfrischlinge an und kann den alten Säuen beim Suhlen zuschauen. Ganz hinten im Park sammeln sich die scheuen Mufflons, die man am besten vom Hochstand aus beobachtet.

Hin & Weg: Mit dem RE7 vom Hauptbahnhof nach Beelitz-Heilstätten. Von dort mit dem Bus 643 zum Spargelhof Klaistow (www.spargelhof-klaistow.de).

Beste Zeit: März bis November, am besten außerhalb der Hochsaison.

Dauer: Klettern, Mittagspause und Wildtiergehege ca. 4 bis 5 Std. (ohne Anfahrt).

Ausrüstung: Proviant, falls man nicht vor Ort Essen gehen möchte (kann evtl. länger dauern). Bequeme und rutschfeste Schuhe. Sinnvoll sind kleine Rucksäcke oder Hüfttaschen für Wasserflaschen.

FAZIT: HIER KANN MAN DEN ALLTAGS-STRESS TIEF UNTER SICH LASSEN.

SCHRÄG. SCHRÄGER. KUNST

... Wandern und Staunen rund um Bad Belzig

#33

Ein bisschen seltsam ist er schon, der internationale Kunstwanderweg, der sich auf 37 Kilometern von Bad Belzig bis nach Wiesenburg hinzieht. Da das an einem Tag nur mit Mühe zu schaffen ist, wird der Weg zu einem 14 Kilometer langen Rundwanderweg abgekürzt. Als Belohnung geht es danach in die schöne Steintherme.

#Wald #Wandern #Wellness #kreativ

Ob Kunst, ob Natur – auf dem Kunstwanderweg geht häufig eins ins andere über.

Gestartet wird am Bahnhof Bad Belzig. Die Bahnhofsstraße links hinunter entdeckt man bald die Nachbildung der alten Postmeilensäule und sieht zwischen den alten Fachwerkhäusern bereits den hohen Turm der Burg Eisenhardt. Diese lohnt einen Abstecher, ihre Ursprünge stammen aus dem 15. Jahrhundert. Im 16. Jahrhundert weilte Martin Luther hier. Aber schon lange zuvor war der Hügel mit der weiten Aussicht Sitz einer Slawenburg, von der einige Reste ausgegraben wurden. Wer den Turm besichtigen möchte, kommt am besten an einem Wochenende her, da er unter der Woche erst am Nachmittag geöffnet ist. Zum Haupteingang geht es dann wieder aus der Burg hinaus. Rechts herum verläuft ein kleiner Weg direkt an der Burgmauer entlang zum Wanderpfad. Das auffällige gelbe Zeichen des Kunstwanderweges ist nicht immer vorhanden, man kann auch

Entlang des Kunstwanderweges finden sich urige und naturbelassene Waldstücke und Feuchtwiesen.

dem Barfußzeichen folgen und auf diesem – eigentlich recht normalen – Wanderweg auch mal das Barfußlaufen ausprobieren. Auf dem Weg begegnen einem allerlei seltsame, skur-rile, beeindruckende und meist überdimensio-nierte Kunstwerke. Auf Schildern werden Ur-heber und Name des Werkes genannt, nicht immer wird das Werk selbst erklärt, was zur

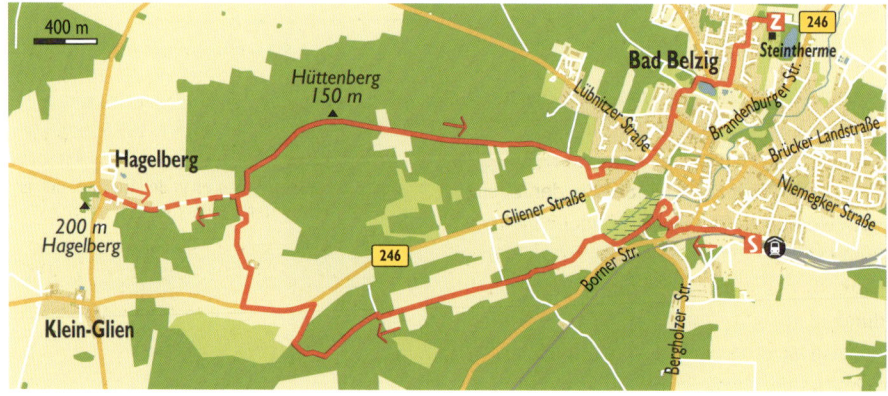

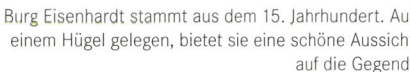
Burg Eisenhardt stammt aus dem 15. Jahrhundert. Auf einem Hügel gelegen, bietet sie eine schöne Aussicht auf die Gegend.

Interpretation und zu angeregten Gesprächen über die Kunst im Raum einlädt, während man durch die Landschaft wandert. Ein Naturlehrpfad erklärt, teils kindgerecht, die umgebende Natur und lädt zum aktiven Genießen ein. Nach etwa drei Kilometern verläuft der Kunstwanderweg nun nach Süden. Hier kann man etwas abkürzen: Dafür weiter geradeaus laufen, dem Bogen des Weges folgen, bei der nächsten Wegkreuzung rechts halten, dann stößt man bald auf die Gliener Straße. Auf dieser ein Stück nach links gehen, dann rechts in den Grützdorfer Weg biegen. Der Weg endet an einer Wildnisschule, an der man kurz Rast machen kann. Vom Grützberger Weg geht's weiter nach links Richtung Hagelberg. Nach etwa einem Kilometer stößt man auf die Straße Hagelberg und wieder auf den Kunstwanderweg, dem man dann nach rechts folgt.

Ist das Wetter gut, lohnt sich vorher noch ein Abstecher auf den Hagelberg. Er ist mit gerade 200 Metern der zweithöchste Berg Brandenburgs. Oben wartet sogar ein Gipfelkreuz.

Der Kunstwanderweg führt durch schönen Mischwald immer geradeaus nach Bad Belzig und in der Stadt durch die winzige Altstadt mit ihren schönen Fachwerkhäusern. Zur Steintherme auf der Straße der Einheit nach Norden laufen, diese mündet bald in die Brandenburger Straße. Nach 500 Metern liegt rechts der noch recht neu angelegte Kurpark, durch den man direkt zur Therme gelangt. Dann muss man sich nur noch entscheiden: Solebad oder Sauna?

FAZIT: KURZWEILIGE WANDERUNG MIT KUNST AUF DEM WEG UND WELLNESSABSCHLUSS.

Hin & Weg: Mit dem RE7 vom Hauptbahnhof in 1 Std. nach Bad Belzig. Von der Steintherme fährt halbstündlich ein Bus zurück zum Bahnhof.

Beste Zeit: Als Winter- wie Sommerspaziergang zu empfehlen, die Therme macht sich natürlich besonders schön im Winter. Wer es in der Therme ruhiger mag, fährt lieber unter der Woche.

Dauer & Strecke: 3 bis 4 Std. inklusive Stadtrundgang, zusätzlich Zeit für die Steintherme, ca. 13 km.

Ausrüstung: Proviant für unterwegs. In der Steintherme gibt es gleich mehrere Restaurants für jeden Geschmack.

TROPISCHE ZEITEN

 ... in der Biosphäre Potsdam

#34

Wenn der Sommer gerade wieder ausfällt, der Winter einfach zu lange dauert, der Herbst nervt oder der Frühling zu grau ist, gibt es eine einfache Lösung: die Biosphäre Potsdam. Von außen mag der 2001 entstandene Beton-Glas-Bau seine besten Tage hinter sich haben, innen aber bilden 350 Tierarten und 20 000 Pflanzen einen dichten und lehrreichen Urwald, der sowohl Kindern als auch Erwachsenen das Wundersame des Dschungels näherbringt.

#Tropenfeeling #Urwald #Allwetteridee

Allerlei exotische Pflanzen lassen sich entlang des gewundenen Rundgangs im riesigen Tropenhaus bestaunen.

Nach dem Eingang geht's erst einmal in den Forscherraum. Anhand vieler Beispiele wird hier aufgezeigt, wie die Natur als praktischer Ideengeber Dinge des Alltags beeinflusst hat: Wo wären wir ohne Klettverschluss und wasserdichte Jacken?

Nächster Stop: das Tropenhaus. Die riesige Halle erstrahlt Grüntöne mit Palmen, Kletterpflanzen und einem Wasserbecken, in dem Kois schwimmen und Mandarinenten entspannt dösen.

Ein gewundener Rundgang führt auf zwei Stockwerken durch das gesamte Gebäude, vorbei an Lagunen und Wasserfällen, Farnen, Orchideen, Bananen, Bambus, zwischen Ranken hindurch und an einer Regenwaldhütte vorbei. Darin kann man lernen, wie aus giftigem Maniok Brotfladen entstehen. Anschaulich wird das

Zusammenspiel der Pflanzen erklärt, auch wo der Pfeffer wächst, erfährt man, während tropische Vögel am nächsten Wasserloch nippen. Fast wähnt man sich am Amazonas.

Tropische Echsen und seltsam geformte, fast durchsichtige Insekten spielen hinter Schaufenstern Verstecken. Das Highlight ist ein 60 Quadratmeter großes Schmetterlingshaus, in dem auch Schmetterlingskokons zu sehen sind, und wo einem faustgroße exotische Schmetterlinge um den Kopf schwirren.

Nach den Mangroven geht es in die Aquasphäre. Eine Ausstellung, gestaltet wie ein U-Boot, klärt über den Ozean und seine Artenvielfalt auf. Anschaulich und kindgerecht wird hier auch auf das Problem Plastik und Mikroplastik in den Meeren eingegangen. Weiter kann man einem Blauwal lauschen und in den

Eines der Highlights in der Biosphäre Potsdam: das große Schmetterlingshaus.

Aquarien zwischen Seeanemonen Nemo und Seepferdchen finden.

Wem es zu warm geworden ist, der kann auf der Restaurant-Terrasse frische Luft schnappen und sollte sich auf keinen Fall das hervorragende Zitronen-Sorbet entgehen lassen. Leckere Kuchen gibt es außerdem, für den salzigen Hunger lockt Flammkuchen frisch aus dem Steinofen von der Terrasse.

Für Wissenshungrige gibt es diverse Führungen, mittags werden die Kois gefüttert, und stündlich hebt das »Luftschiff« ab für einen simulierten Überflug über den Dschungel.

Nach dem Erlebnis bleiben die meisten Besucher draußen noch kurz vor dem riesigen von Greenpeace als Mahnmal aufgestellten Baumstumpf eines Tropenbaumes stehen, denn so viel ist jetzt klar: Die vielen Wunder des Regenwaldes gilt es dringend zu bewahren.

FAZIT: LEHRREICHES TROPENPARADIES ZUM STAUNEN, WOHLFÜHLEN UND SCHWITZEN, WENN'S MIT DEM BERLINER WETTER MAL WIEDER NICHT KLAPPEN WILL.

Hin & Weg: In 25 Min. mit dem RE1 oder in 40 Min. mit der S-Bahn vom Hauptbahnhof zum S-Bahnhof Potsdam Hauptbahnhof. Von dort mit der Tram 96 bis zur Haltestelle Volkspark direkt gegenüber der Biosphäre oder mit der Tram 92 bis zur Haltestelle Campus Fachhochschule und 600 Meter die Georg-Hermann-Allee hochlaufen.

Beste Zeit: Ganzjährig. Öffnungszeiten und mehr unter www.biosphaere-potsdam.de

Dauer: Mind. 2 Std., leicht werden 4 Std. daraus.

Ausrüstung: Leichte Sachen anziehen! Im Tropenhaus ist es warm und feucht, besonders im Schmetterlingshaus ist es heiß. Im Eingangsbereich befinden sich Schließfächer für die überflüssigen Sachen.

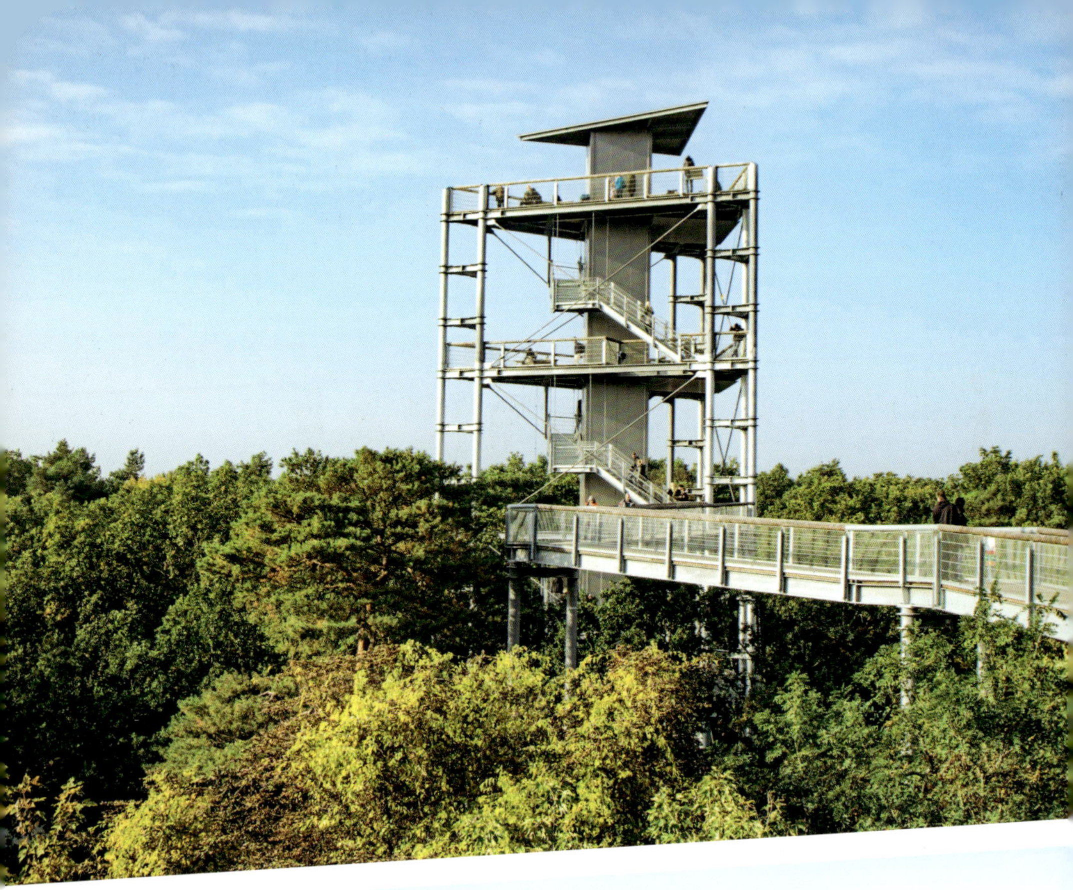

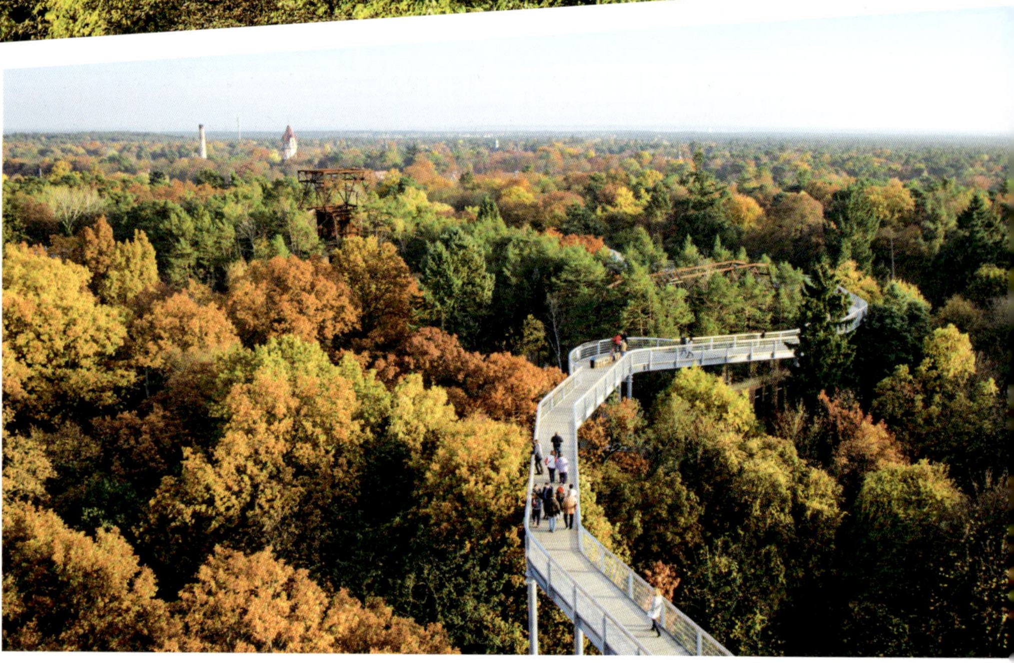

ÜBER DEN WIPFELN ...

... auf dem Baumkronenpfad der Beelitzer Heilstätten

#35

Die alte Lungenheilanstalt südlich von Berlin ist Brandenburgs berühmtester Lost Place und beliebter Drehort für Filme. Szenen aus »Inglorious Basterds« wurden hier gedreht und Innenaufnahmen für den Horrorfilm »A Cure for Wellness«. Seit einiger Zeit haben die Beelitzer Heilstätten eine zusätzliche Attraktion: Einen Baumkronenpfad, der über die verlassenen Häuser hinwegführt.

In einigen Räumen findet sich noch altes Mobiliar wie dieses Krankenbett.

öffnete hier einen Baumkronenpfad. Hobbyfotografen sollten nicht ohne Fotoapparat kommen: Der 36 Meter hohe Turm am Anfang des Pfades bietet einen fantastischen Rundblick über die waldreiche Gegend.

Auf 23 Metern Höhe geht es anschließend weiter über das Areal, vorbei am alten Frauensanatorium, das bereits im Zweiten Weltkrieg den Bomben zum Opfer fiel und inzwischen wild überwuchert ist. Ein Teil des knapp 800 Meter langen Weges führt über die Gebäude hinweg und lässt dabei tief in die alten Häuser blicken.

Auf dem Dach des Hauptgebäudes hat sich mittlerweile ein eindrucksvoller Wald gebildet – der größte Dachwald Europas. Zwischen Nadelbäumen, Birken und Buchen sind Stahlträger zu erkennen: ein ehemaliger Wassertank.

Allerlei Geschichten kann man von den Mitarbeiter*innen erfahren, die hier regelmäßig ihre Runden drehen und durch ihre leuchtenden Westen erkennbar sind.

Wer es noch prickelnder mag, kriecht in die „Sky Boa", ein Stahlgerüst, welches sich um den Pfad herum schlängelt, oder lässt sich in die 70 qm große Hängematte in luftiger Höhe fallen.

Zum Abschluss spaziert es sich noch gut auf dem Gelände. Die Gebäude sind architektonisch interessant, manche auch gut erhalten und restauriert. Ein Barfuß-Erlebnispfad ist ebenfalls vorhanden, außerdem werden täglich einstündige Touren angeboten, die in einige der Gebäude führen und die Geschichte der Heilstätten erläutern.

Die ehemalige Lungenheilanstalt nahe Beelitz im Landkreis Potsdam-Mittelmark entstand zwischen 1900 und 1930. Es heißt Heilstätten im Plural, weil es je ein Frauen- und Männersanatorium gab sowie weitere Einrichtungen.

Die Ausstattung der insgesamt etwa 60 Gebäude war damals geradezu revolutionär, vom Aufbau, der sich nach dem Arbeitsablauf in der Klinik richtete, über Erholungsflächen im Garten bis zur modernen Heizung. Das Gesundheits- und das architektonische Konzept waren damals brandneu.

Heute sind viele Gebäude saniert, ein Teil des Geländes versinkt jedoch weiter im Dornröschenschlaf - könnte man meinen, wenn nur die Touristen nicht wären. Familie Hoffmann hat das Areal vor einigen Jahren erworben und er-

Bei jedem Wetter sehenswert: Der Baumkronenpfad Beelitz-Heilstätten, der über die alten Gemäuer hinweg führt.

Tipp: Wer Lust bekommen hat, das Gelände besser kennenzulernen, kann bei www.go2know.de eine mehrstündige Tour buchen, auf der man weitere Gebäude in Eigenregie erkunden kann. Rechtzeitig buchen ist empfehlenswert!

FAZIT: DAS HIGHLIGHT IN BRANDENBURG, MUSS MAN MAL GESEHEN HABEN.

Hin & Weg: Es gibt nur wenige Parkplätze, daher besser mit dem RE7 vom Hauptbahnhof oder Zoo in 40 Min. nach Beelitz-Heilstätten. Dort den Hinweisschildern folgen, der Eingang zum Baumkronenpfad liegt nur wenige Fußminuten vom Bahnhof entfernt (www.baumundzeit.de).

Beste Zeit: Ganzjährig. Da auf dem Gelände viele alte Buchen und Eichen stehen, ist ein goldener Herbsttag besonders empfehlenswert, auch im Winter spannend.

Dauer & Strecke: 2 bis 4 Std. Die Strecke vom Bahnhof, Geländeerkundung und Baumkronenpfad ca. 4 km.

Ausrüstung: Etwas Verpflegung, Kamera.

VÖGEL DES GLÜCKS

 … in Linum

#36

Kraniche sind die Vögel des Glücks, so heißt es. Es bleibt unklar, ob sie das Glück bringen oder schon allein durch ihre Anwesenheit glücklich machen. Letzteres könnte man denken, wenn man sich auf eine Kranichtour begibt. Der Herbstzug der Kraniche ist im brandenburgischen Linum ein absolutes Highlight.

Tagsüber fressen die Kraniche sich auf den Feldern satt. Viele Bauern lassen extra einen Teil der Ernte liegen.

Jedes Jahr rasten hier von Mitte September bis Mitte November zehntausende Grus Grus auf ihrem Weg nach Süden. Damit gehört Linum zu einem der größten Kranich-Rastplätze Europas. Die imposanten Tiere gehören mit bis zu 1,30 Metern Körperlänge und einer Spannweite bis zu 2,45 Metern zu den größten Vögeln überhaupt. Vielleicht ist es diese Größe und die edle Körperhaltung, die unsere Vorfahren dazu brachte, den Vögeln Weisheit und besondere Fähigkeiten anzudichten.

Der NABU Berlin hat in Linum die Storchenschmiede eingerichtet, ein Zentrum, in dem man sich u. a. über Kraniche informieren und eine Führung bekommen kann. Direkt hinter dem Zentrum liegt ein Ökogarten, in dem Gemüse angebaut wird, das im angegliederten kleinen Laden verkauft wird. Dahinter befinden sich die Linumer Teiche, in denen die Kraniche ihr Nachtlager aufschlagen, denn dort können Fressfeinde wie der Fuchs sie nicht erreichen.

Man kann hier auch einfach auf eigene Faust losziehen, der Weg ist ganz leicht zu finden. Eine Führung ist allerdings empfehlenswert, weil die Guides viel Wissenswertes rund um die riesigen Tiere erzählen und zeigen, wie man sich verhalten sollte, um die Tiere nicht zu stören.

Wirklich nah heran darf man nicht, zur Kranichsaison ist das Gebiet weitläufig abgesperrt, denn die Vögel reagieren sehr empfindlich auf Störungen und kommen nicht wieder, wenn sie einmal einen Rastplatz als zu gefährlich empfunden haben. Es reicht aber auch schon, auf den Wiesen zu stehen und das gurgelnde, laute Trompeten näherkommen zu hören, bis Tausende der majestätischen Tiere über den Köpfen der Zuschauer hinwegfliegen. Je näher sich die Sonne zur Erde senkt, umso mehr Vögel tauchen auf, die nun von den abgeernte-

ten Feldern zurückkehren, an denen sie sich tagsüber satt gefressen haben. Der zigtausendfache Hall der Kranichrufe ist sicherlich eines der beeindruckensten Naturschauspiele in der Region. Durch die über einen Meter lange Luftröhre haben Kraniche nicht nur eine imposante Lautstärke, sondern auch ein breites Spektrum an verschiedenen Rufen und Lauten. Beim Landen sehen die Tiere weniger majestätisch aus: Wenn die langen Beine zum Landeanflug ausgefahren werden, hat das etwas Ulkiges an sich. Am Boden rufen die Tiere weiter und scheinen weitere Ankömmlinge zu begrüßen.

Aber was machen die beiden dort drüben bloß Seltsames? »Sie tanzen«, sagt der Guide. »Ein Balz-Tanz?« »Nein, jetzt balzen die nicht. Sie tanzen einfach. Aus Freude, nehme ich an.« Und wer einmal den Freudentanz der Kraniche er-

Bei den Teichen fühlen sich die Kraniche in Linum wohl.

lebt hat, wird jedes Jahr wiederkommen, nach Linum, wo die Kraniche rasten und die Menschen auf seltsame Weise glücklich machen.

WER SCHON EINMAL DIE »TROMPETEN« DER KRANICHE GEHÖRT HAT, WEISS: DAS IST GLÜCKSGEFÜHL PUR.

Hin & Weg: Zur Kranichsaison werden von Berlin aus Touren vom NABU inklusive Shuttle angeboten (Führungen vorab über www.berlin.nabu.de buchen). Alternativ mit der Bahn bis Kremmen und die verbleibenden 10 km mit dem Fahrrad überbrücken. Man muss dann aber im Dunkeln zurückfahren!

Beste Zeit: Mitte Oktober, dann ist die Hochsaison für die Kraniche. Die Tiere fliegen meist ab 18 Uhr bis in die Dunkelheit ein. Öffnungszeiten der Storchenschmiede: Mittwoch bis Freitag 10 bis 16 Uhr, Samstag und Sonntag 10 bis 18 Uhr.

Dauer: 3 bis 4 Std. vor Ort.

Ausrüstung: Wetterfeste, dunkle Kleidung. Die Storchenschmiede beherbergt ein Café für den kleinen Hunger, Proviant ist daher nicht nötig. Für Fotos benötigt man eine etwas professionellere Ausrüstung mit lichtstarkem Objektiv.

VERSTECKTE SCHÄTZE

⇒ ... den Grunewald entdecken ⇐

#37

Seltsamerweise scheint der Grunewald bei den Berlinern ein bisschen aus der Mode gekommen zu sein. Dabei lässt sich hier das ganze Jahr über eine wunderbare 16 Kilometer lange Wald- und Wasser-Tour unternehmen. Im Herbst zeigt sich der Mischwald in seiner bunten Farbenpracht, aber auch bei Schnee ist eine (gekürzte) Version schön – für Langläufer die perfekte Ski-Tour in Stadtnähe.

Vom S-Bahnhof Grunewald geht's in den Schildhornweg (nicht den Neuen Schildhornweg nehmen). Nach etwa einem Kilometer bietet sich eine wunderbare Aussicht in das kleine Tal der Sandgrube im Jagen 86, ein Naturschutzgebiet. Im Winter fährt man hier Schlitten, im Herbst leuchten Birken und Buchen, im Frühling quaken die Frösche.

Die Treppen hinunter geht's weiter zum Teufelssee. Von hier aus eineinhalb Kilometer weiter auf dem Schildhornweg laufen, an der Kreuzung rechts abbiegen und hinter dem Försterhaus den Weg rechts zum idyllischen Friedhof Grunewald-Forst nehmen. Der Ort wird auch Friedhof der Namenlosen oder Selbstmörderfriedhof genannt. Seine Geschichte faszinierte die Sängerin Nico von The Velvet Underground

so sehr, dass sie sich hier beerdigen ließ. Man findet das Grab in einer der letzten Reihen; ein kleiner Engel und ein Foto stehen darauf, davor eine Box mit kleinen Wunschzetteln.

Nach dem Friedhofsbesuch geht es weiter nach Nordwesten über die Havelchaussee in den dahinterliegenden Havelweg. Im Wirtshaus Schildhorn (www.wirtshaus-schildhorn-berlin. de) direkt am Hafen kann man sich erfrischen und einen leckeren Kuchen im Pavillon am Wasser genießen. Schon im 19. Jahrhundert galt die Bucht Jürgenlanke als das beliebteste Ausflugsziel im Grunewald. Ein kleiner Abstecher führt auf das Schildhorn, auf dem der Sage nach die Mark Brandenburg gegründet wurde. Dafür hinter dem Seehotel Grunewald den Schildern folgen, der Weg führt auf die kleine Landzunge

Im Herbst leuchten die Farben des abwechslungsreichen Grunewaldes besonders schön. Das Grab der Sängerin Nico befindet sich auf dem Friedhof mitten im Wald.

bis zum Denkmal. Wenn es spät geworden ist, empfiehlt es sich, die Tour hier zu unterbrechen und einen Bus zurück zu nehmen. Der Bus 218 fährt direkt gegenüber dem Wirtshaus ab und zum S-Bahnhof Heerstraße.

Ist noch genügend Zeit, geht's auf dem Havelhöhenweg, einem der schönsten Wanderwege Berlins, oberhalb des Ufers weiter nach Süden. Nach etwa zwei Kilometern ist man am Grunewaldturm. Unbedingt den fantastischen Ausblick auf 36 Metern Höhe genießen; auch das Restaurant (www.restaurant-grunewald turm.de) lohnt einen Besuch. Von hier aus weiter nach Süden zur Lieper Bucht laufen, dem letzten Stopp der Tour. An einem Winterwochenende kann man NABU-Mitarbeiter beim Vögelfüttern beobachten – ein herrlicher Anblick.

Danach verläuft der Weg oberhalb der Havelchaussee und führt im Zickzack nach Süden. Oberhalb eines Sandstrandes geht's links an der Kreuzung im Halbkreis gen Nordosten zurück, weg von der Havel. Bis zum Fischer-

hüttenweg gehen und dort rechts einbiegen. Der Weg geht nun dreieinhalb Kilometer geradeaus, führt zwischen Schlachtensee und Krumme Lanke vorbei, wird zur Fischerhüttenstraße und endet direkt am U-Bahnhof Krumme Lanke.

Hinweis: Bitte den Weg im Winter nicht unterschätzen und nicht im Dunkeln durch den Grunewald zurücklaufen. Die Wildschweine könnten sich gestört fühlen.

FAZIT: DER GRUNEWALD VON SEINER SCHÖNSTEN SEITE.

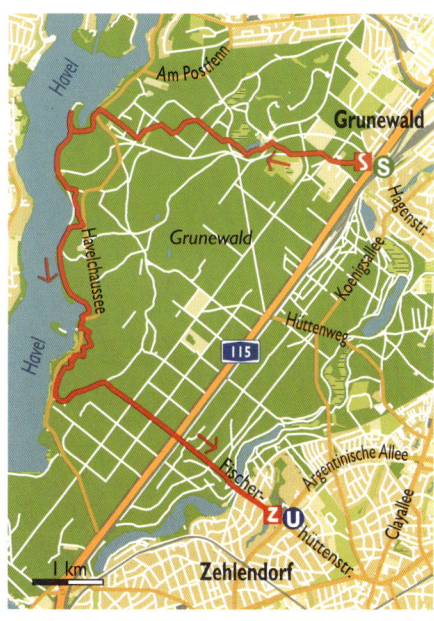

Hin & Weg: Vom Hauptbahnhof mit der S7 in einer Viertelstunde zum S-Bahnhof Grunewald. Zurück vom U-Bahnhof Krumme Lanke mit der U3 Richtung Nollendorfplatz.

Beste Zeit: Bei Tageslicht. Besonders schön ist die Herbstzeit. Wenn es geschneit hat, gibt es keine schönere Winterwanderung.

Dauer & Strecke: 4 bis 6 Std., je nach Kondition und Pausen; ca. 16 km, nur 7 km für den, der mit dem Bus 218 zurückfährt.

Ausrüstung: Gute, bequeme Schuhe und am besten ein Handy mit Navi/GPS.

IN DIE WILDNIS

 ... des Schlaubetals

 **#38**

Endlich mal richtig draußen sein, alleine, dort, wo es noch richtig ursprünglich ist. Aber gibt es so etwas wie richtige Wildnis überhaupt noch? Die ursprüngliche Definition von Wildnis hat zwei Eckpunkte: Sie soll vom Menschen unberührt und unverändert sein.

#Wald #Wildnisromantik #Vogelbeobachtung #Wasserfreuden

Die alte Havel hat viele wilde Reviere. Diese entdeckt man am besten auf dem Hausboot.

Deutschland ist fast ausnahmslos Kulturlandschaft. Ob die Sorben eine Mauer bauten oder Bauern den Acker bestellten, immer wurde dabei Landschaft und Naturraum verändert.

Dennoch gibt es heute in Brandenburg wieder unberührte Wildnis, nämlich jene, die Grenzgebiet oder militärisches Sperrgebiet war oder während der DDR einfach ungenutzt blieb. Neben dem Mauerradweg (Eskapade #4) liegen solche Gebiete, das Biosphärenreservat Elbe in der Prignitz ist ein Erbe dieser Geschichte. Der Buchenwald Grumsin (Eskapade #26) ist so ein Fall, ebenso wie die Döberitzer Heide (Eskapade #21).

Andere Wildnisgebiete entstehen gerade erst. Das widerspricht der alten Definition von Wildnis, ist jedoch das Eingeständnis, dass bei der frühen Überkultivierung unserer Landschaften Fehler gemacht wurden. Das Projekt der Flussrenaturierung der Unteren Havel ist eines der größten in Mitteleuropa, hier soll sich die Wildnis wieder ungestört ausbreiten können. Der Naturpark Westhavelland (Eskapade #48) liegt mittendrin.

Ganze 7,7 % aller Flächen in Brandenburg stehen aktuell unter Naturschutz, das sind 4 % mehr als im Bundesdurchschnitt. Dazu gehören das Untere Odertal (Eskapade #42), der

Spreewald (Eskapade #52) oder die Schorfheide (Eskapade #51) und die Lieberoser
Heide. Auf diesen Flächen wird die Natur
weitgehend in Ruhe gelassen und Urwälder
entstehen neu. Sogar Wölfe und mindestens
eine Elchfamilie aus Weißrussland haben sich
neuerdings wieder angesiedelt.

Wer die Wildnis sucht, sollte sich entweder zu
Fuß oder zu Wasser aufmachen und ein wenig
Zeit mitbringen. Dann wähnt man sich auf der
alten Havel (Eskapade #48) wie auf dem Amazonas oder im schneebedeckten Oderbruch
wie in Sibirien.

Eine Wanderung, die in weiten Teilen viele
recht unberührte Naturstrecken durchläuft,
ist die Schlaubetalwanderung im Oder-Spree-
gebiet südöstlich Berlins. Sie bietet sich als
Frühaufsteher-Tagestour an. Das Wasser der
Schlaube war der Antrieb für viele Mühlen in
dieser Region, es lohnt sich daher auch, den
kulturellen Teil nicht außer Acht zu lassen.
Das Wildnisgefühl stellt sich dann südlich von
Müllrose ein, optimaler Startpunkt ist das Örtchen Kupferhammer, das man wochenends
mit dem Bus 400 von Müllrose erreicht. Von
hier sind es 19,5 Kilometer bis zum Endpunkt
Naturschutzzentrum Schlaubemühle.

Ab Kupferhammer verläuft die Schlaube durch
abgeschiedene Wälder und feuchte Wiesen
und Moore. Mal ist sie ein Bach, mal speist
sie einen See. Gerne wird daher die Tour kom-
biniert als eine Wander- und Kajaktour (Informationen dazu bei schlaubetal-tourismus.de).
Durch das blaue S auf weißem Grund ist die
Route nur schwer zu verfehlen. Der Weg ist

Nicht querfeldein, jedoch häufig auf schmalen Wanderpfaden führt die Wanderung durch das Schlaubetal mit vielen naturbelassenen Gebieten.

verwunschen und folgt buchstäblich Stock und Stein, immer entlang des Wassers gen Süden. Nach dem Schulzenwasser folgt der Langesee, nach knapp fünf Kilometern erreicht man ein kurzes Stück Straße und das Forsthaus Siehdichum, das sich für eine kurze Rast anböte, wenn es denn nicht noch so früh wäre. Wieder geht es auf losem Untergrund nun den Hammersee entlang, an dessen Ufer sich gewöhnlich Graureiher aufhalten, mit etwas Glück ist der Eisvogel zu erspähen und die ein oder andere Ringelnatter könnte den Weg kreuzen, um sogleich im Untergrund zu verschwinden. Der Weg führt durch wildromantischen Mischwald bis zur Bremsdorfer Mühle.

Nach zwölf Kilometern bietet sich jetzt eine Mittagspause an. Wer müde ist, kann die Tour hier abkürzen oder sogar eine Übernachtung einlegen. Nach der Bremsdorfer Mühle folgt ein Auwald, der sich in den sumpfigen Tälern

entlang der nun schmalen Schlaube erstreckt. Umgestürzte Bäume lassen Wildnisromantik aufkommen. Das Gebiet, geformt durch die Eiszeit, ist sehr hügelig, was einem hier und da etwas den Atem rauben kann.

Nach weiteren sieben Kilometern erreicht man das Naturschutzzentrum Schlaubemühle. Von hier aus geht der Bus zurück oder man läuft zum Seehotel Wirchensee weiter – allerdings nur mit Reservierung.

FAZIT: EINE DER SCHÖNSTEN WANDERUNGEN IN BRANDENBURG UND MIT GLÜCK KOMPLETT ALLEINE AM SEE.

Hin & Weg: Ab Hauptbahnhof mit dem RE bis Frankfurt/Oder, umsteigen in den RB nach Müllrose (ca. 1,5 Std.). Ab hier mit dem Bus 400 oder 401 nach Kupferhammer. Zurück mit dem Bus 401 nach Eisenhüttenstadt, von dort mit dem RB nach Frankfurt/Oder, umsteigen in den RE nach Berlin. Busfahrpläne beachten!

Beste Zeit: Grundsätzlich ganzjährig, besser im Sommer.

Dauer: 6-7 Std., 19,5 km.

Ausrüstung: Bargeld für die Einkehr mitnehmen, sowie genügend Wasser und Verpflegung für eine Brotzeit. Sehr gutes Schuhwerk ist angeraten, im Sommer nicht das Mückenzeug vergessen. Für den Winter unbedingt Spikes mitnehmen und besser den Weg etwas abkürzen.

SCHÖNSTE WINTER- AUSSICHTEN

≳ ... mit dem Fahrrad um den Schwielowsee ≲

#39

Ein strahlender Wintertag – auf zum Seebad Caputh südlich von Potsdam. In dem schönen Strandbad findet man, gerade im Winter, einen Logenplatz für den Sonnenuntergang. Die Tour führt um den Schwielowsee und endet genau an diesem Platz. Sie ist besonders geeignet für Langschläfer, denn man startet lieber später, um die Farben des Winternachmittags mitzunehmen.

Man könnte die 16 Kilometer auch laufen, allerdings führen manche Strecken an der Straße entlang, da ist man mit dem Fahrrad schneller wieder weg. Trotz der Straßennähe: Der Schwielowsee gilt als einer der schönsten im Berliner Umland, daher viele Stopps an schönen Aussichtspunkten einplanen!

Vom Bahnhof Caputh fährt man die Schwielowseestraße links entlang nach Süden Richtung Schwielowsee. Besonders am Südufer des Sees gibt es immer wieder Möglichkeiten, anzuhalten und den pastelligen Winterhimmel zu bewundern. Stege führen ins Wasser. Ist der See zugefroren, vergnügen sich garantiert einige Schlittschuhläufer dort.

Nach fünfeinhalb Kilometern erreicht man den kleinen Ort Schwielowsee. An der Dorf-straße um die Nr. 9 herum stehen noch einige kleine reetgedeckte Fischerhäuser aus dem 17. Jahrhundert.

Dann rechts in den Seeweg einbiegen, dieser wird bald zum Weg mit losem Untergrund. Im »Malerdorf« Ferch lohnt sich ein Stopp im Restaurant Haus am See (www.hotel-hausamsee.de) mit guter deutscher Küche. Danach geht's weiter links auf die Straße Neue Scheune und auf der Fercher Straße nach Norden. Im Sommer unbedingt beim Bonsaigarten einen Stop einlegen (www.bonsai-haus.de, im Winter geschlossen).

Der nächste Ort nur drei Kilometer weiter ist Petzow. Die kleine Gemeinde gehört bereits zu Werder an der Havel und beherbergt nicht nur ein kleines Schloss, sondern auch eine

Ob Winter oder Sommer: Die Fußgängerbrücke über dem Strandbad Caputh bietet einen herrlichen Blick auf den Sonnenuntergang.

sehenswerte Dorfkirche, deren Architekt Karl Friedrich Schinkel war. Auch der kleine Schlosspark zwischen Haussee und Schwielowsee ist einen Zwischenstopp wert. Hier befindet sich für eine kleine Einkehr die Fontane Klause (www.fontane-klause.de, auch im Winter geöffnet).

Weiter geht's am Ufer entlang über die Havel. Etwa 60 Meter hinter der Brücke dann scharf rechts zurück zum Ufer und zur Uferstraße Baumgartenbrück, dieser folgen. Von hier sind es eineinhalb Kilometer bis zur Geltower Chausee und der Seilfähre. Tussi II – ja, so lautet tatsächlich der offizielle Name – verbindet seit 1853 Geltow mit Caputh. Für ein paar

Euro geht's auf die andere Seite (www.faehre-caputh.de). Wer noch nicht gegessen hat, kann das nun im alten Fährhaus Caputh (www.faehrhaus-caputh.de) nachholen. Danach unbedingt noch eine Runde drehen und sich das Schloss oder Einsteins Sommerhaus anschauen.

Senkt sich die Sonne bereits, geht's an der Uferpromenade entlang bis zur Bahnbrücke. Dort das Fahrrad abstellen und auf die Fußgängerbrücke hinaufgehen. Von hier hat man – oberhalb des Seebades Caputh – einen herrlichen Blick über den Schwielowsee und kann der Sonne langsam beim Entschwinden zuschauen.

FAZIT: PERFEKTER WINTERTAG AN EINEM DER SCHÖNSTEN SEEN IM UMLAND BERLINS.

Hin & Weg: Vom Berliner Hauptbahnhof aus in ca. 1 Std. mit dem RE und RB nach Caputh-Schwielowsee (mit Umstieg). Oder vom Bahnhof Potsdam mit dem RB Richtung Schönefeld in 14 Min. bis nach Caputh-Schwielowsee.

Beste Zeit: Ein sonniger Winternachmittag; Donnerstag bis Sonntag, da dann mehr Einkehrmöglichkeiten bestehen.

Dauer & Strecke: Mit Pausen und Einkehren 3 bis 4 Std., ca. 16 km.

Ausrüstung: Fahrrad, Bargeld, nicht überall ist bargeldlose Zahlung möglich.

WO DIE PFAUEN WOHNEN

 ... am Wannsee entlang zur Pfaueninsel

 #40

Ob bei strahlendem Sonnenschein, grauem Himmel oder dicken Schneeflocken: Ein Spaziergang am Wannsee und ein Besuch der Pfaueninsel sind immer eine gute Idee. Der Vorteil an der Neben- und Wintersaison liegt auf der Hand: Es ist schön leer und still im Naturschutzgebiet.

#Tiere #Wandern #amWasser #Havel #HistorischerOrt #Inselglück

Die Pfaueninsel trägt ihren Namen tatsächlich wegen der Bewohner: Hier leben die Pfauen seit Friedrich Wilhelm II.

Gestartet wird am Haus der Wannseekonferenz. Von hier aus einfach geradeaus Richtung Wasser zum Flensburger Löwen laufen, der hinüber zum Strandbad Wannsee blickt. Der Weg zur Pfaueninsel startet hinter dem Bootshaus Bolle.

Verlaufen kann man sich nicht, es geht immer am Ufer entlang. An manchen Stellen ist der direkte Zugang zum Ufer zum Schutz der Pflanzen gesperrt. Man kommt jedoch an offiziellen Badestellen vorbei, an denen man im Winter die Eisschollen knacken lassen kann. Ab und an kreuzt ein Langläufer den Weg. Bei der DLRG-Rettungsstation hat man etwa ein Drittel des Weges hinter sich gebracht.

Die Pfaueninsel liegt nun vor einem, die ersten Gebäude sind erkennbar. Nach einem weiteren Kilometer sind die durchdringenden

Rufe der Pfauen bereits zu hören, die Vögel sind Überbleibsel einer ganzen Menagerie mit exotischen Tieren, die hier einst stand und Vorläufer des ersten Zoologischen Gartens Berlins war. Nach gemütlichen knapp einein-halb Stunden Weg ist die Fährhaltestelle der Pfaueninsel erreicht. Auch im Winter friert der kurze Weg über das Wasser selten zu und alle 20 Minuten, manchmal seltener, setzt der Fährmann die wenigen Meter über. Die große

Im Winter laufen die Berliner am Wasserweg des Düppeler Forsts gerne Langlauf-Ski.

alte Vogel-Voliere befindet sich in der Mitte der etwa eineinhalb Kilometer lang gestreckten Insel, sie ist das einzige übrig gebliebene Gebäude der früheren Tierhaltung. Auch im Winter laufen die Pfauen hier meist frei herum. Sie sind an Zuschauer gewöhnt, man könnte beinahe meinen, sie würden ein paar Räder extra schlagen, um noch mehr »Aahs« und »Oohs« der Besucher zu hören. Sehenswert ist auch das Schloss im westlichen Teil der Insel. Im Sommer kann drinnen die original erhaltene Einrichtung und draußen der schöne Rosengarten bewundert werden, aber auch im Winter haben die Gebäude ihren Charme. Im östlichen Teil der Insel befindet sich auch heute noch die Meierei, die man an Wochenenden besichtigen kann.

Auf den Uferwegen geht es wunderbar am Wannsee entlang, gen Westen ist der Düppeler Forst, gen Osten Kladow zu sehen. Im Innern der Insel gibt es einen großen Bestand an alten Eichen und Mischwald, außerdem eine Wiese, auf der im Sommer ein kleiner Imbiss- und Getränkestand bereitsteht. Mittendrin: Viele Bauten, die noch aus der Zeit Friedrich Wilhelms II. stammen, der die Insel maßgeblich geprägt hat.

Nicht die Uhr vergessen, denn wer die letzte Fähre verpasst, dem droht eine »Strafgebühr«. Gegenüber der Bushaltestelle Pfaueninsel lädt das Wirtshaus Zur Pfaueninsel (www.pfaueninsel.de) zum Essen ein, auch im Winter hat es geöffnet.

FAZIT: WIE IM SAGALAND — SO BEKOMMT DER GRAUE WINTER FARBE.

Hin & Weg: Mit dem RE1, RE7 oder der S-Bahn in ca. 25 Minuten zum S-Bahnhof Wannsee. Mit Bus 114 weiter zum Haus der Wannseekonferenz, zurück mit Bus 118 ab Haltstelle Pfaueninsel. Fährzeiten auf www.pfaueninsel.info

Beste Zeit: Im dicken Winterschnee oder im goldenen Oktober. Das Schloss und die Meierei haben lediglich von April bis Oktober geöffnet. Die Pfauen locken aber ganzjährig.

Dauer & Strecke: 3 bis 4 Std. inklusive Fährfahrt und Pausen, ca. 8 km.

Ausrüstung: Auch im Winter wird gestreut, die Wege sind gut. Bis auf das Wirtshaus vor der Pfaueninsel jedoch keine Einkehr, daher lieber etwas Proviant mitnehmen.

3. KAPITEL
MINIURLAUB

#49

#51

#44

IM BAUMHAUS

#42

#48

AUF DEM HAUSBOOT
DURCH BRANDENBURG

#49 #41

#50

#43

#47

WIE IM FILM

#45

#46

#52

Ferien für ein Wochenende

Wiesen, Weiden, Wasser – was braucht es mehr für ein Wochenendabenteuer? Wunderbare wilde Natur gibt es auch hier gleich um die Ecke.

36 H

STADT, LAND, FLUSS

›‹ ... mit dem Kanu durch Brandenburg an der Havel ›‹

#41

Tagsüber die Stadt vom Kanu aus entdecken und raus in die Havel-Wildnis, abends gemütlich schlemmen und anschließend ins weiche Bett fallen – für wen das Musik in den Ohren ist, der ist in Brandenburg an der Havel genau richtig. Schönes Wetter ist bei diesem Miniurlaub von Vorteil. Beim gleichmäßigen Ziehen des Paddels durchs glitzernde Wasser stellt sich in Nullkommanichts wunderbare Tiefenentspannung ein.

#Kanutour #Stadtnatur #Stadtbummel #Havelblick

Loriots »Möpse« stehen seit einigen Jahren in Brandenburg Stadt. Bei der Touristeninformation gibt's eine
Karte über alle Standorte. Wer auf dem Wasser bleiben
möchte, kann ein Havelfloß mieten (rechts).

muss. Das lässt sich zu zweit deutlich besser
machen als alleine, notfalls einen Passanten
um Hilfe bitten, das ist hier nicht unüblich.

In einer Rechtskurve geht es nun in den Müh-
lendamm und am St. Paulikloster vorbei. Hinter dem dicken Steintorturm wartet die Stadt-
schleuse. Keine Sorge, auch für Anfänger ist
dieses Hindernis nicht zu kompliziert. Man
sollte das Kanu dabei jedoch nicht anbinden –
keinesfalls, niemals!

Nach der Schleuse geht es rechts in die Brandenburger Niederhavel und unter der Jahrtausendbrücke hindurch zurück zur Pension.
Die Stadt ist auf Wassertouristen eingestellt,
an mehreren Stellen kann man Halt machen
und einkehren. Wer lieber pure Natur erleben
möchte, paddelt zum Beispiel gen Osten, raus
auf die wilde Havel, die sich hier kilometer-
weit bis zum Trebelsee hindurchschlängelt.
Brandenburg Stadt eignet sich daher auch gut
als Startpunkt für eine Mehrtages-Wasser-
wanderung, denn an verschiedenen Plätzen
entlang der Havel darf jeweils für eine Nacht
campiert werden.

Die Stadt Brandenburg, in der zu Ehren des
hier geborenen Vicco von Bülow, genannt
Loriot, 20 Mops-Skulpturen stehen, ist nicht
nur zu Fuß eine Erkundung wert, denn nicht
umsonst nennt man sie das Klein-Venedig
Brandenburgs.

Am schönsten erkundet man sie deshalb auch
mit dem Kanu. Man mietet sich am besten in
die Pension Havelfloß ein: Direkt am Wasser
und mitten in der Altstadt gelegen, ist sie ein
perfekter Ausgangspunkt für allerlei Erkundungen. Unmittelbar vor der Tür kann man ein
Kanu mieten. Die übersichtliche Kanu-Runde
ist etwa fünf Kilometer lang und führt auf einen Abstecher in den Domstreng, von wo aus
man einen guten Blick auf den Dom werfen
kann. Ein Stück zurück und vorbei an einigen
Wohnhäusern und Kleingärten geht es in die
Nähtewinde, wo das Kanu umgetragen werden

Mag man es lieber seenreich, paddelt man
gen Westen auf den Breitlingsee und den
Plauer See und lässt es dort ruhig angehen.

Tipp: Für Radfahrer bietet sich der Havelradweg direkt vor der Tür an, zum Beispiel am
Breitlingsee, Möserscher See und Plauer See
entlang (www.havelradweg.de).

Hin & Weg: In einer Dreiviertelstunde mit dem RE Richtung Magdeburg vom Berliner Hauptbahnhof nach Brandenburg an der Havel. Die Pension befindet sich knapp 2 km entfernt an der Brandenburger Niederhavel.

Beste Zeit: Ein schönes Sommerwochenende.

Dauer: 2 bis 3 Tage.

Ausrüstung: Bequeme Schuhe für den verlängerten Stadtspaziergang. Bequeme Hose und Mückenschutz fürs Paddeln. Die Karte zum Auffinden der »Möpse« gibt es in der Touristeninfo.

Wenn es Nacht wird: Eines der netten Gästezimmer mit Flussblick in der Pension Havelfloß. Die Zimmer sind angenehm unverschnörkelt. Draußen auf der Terrasse umranken Lavendelbüsche die Sitzplätze, Wasserblick auf die Havel und die Jahrtausendbrücke inklusive (www.pension-havelfloss.de).

FAZIT: EINE STADTERKUNDUNG PER BOOT BIETET EINEN GANZ NEUEN BLICK AUF ALTBEKANNTES.

IM AUENTAL

⪤ ... im Nationalpark Unteres Odertal ⪤

#42

Dass es ganz in der Nähe Berlins einen Nationalpark gibt, ist den wenigsten bekannt, daher begegnet man hier beim Wandern oder Fahrradfahren nicht sehr vielen Menschen. Am besten sucht man sich eine Basis und unternimmt von dieser aus Tagesausflüge. Das Untere Odertal ist mit seiner 60 Kilometer langen Ausdehnung recht übersichtlich.

Der Richterberg in Stützkow bietet einen schönen Blick auf das Odertal und ist perfekt für eine Mittagspause.

Auf schmale ein bis drei Kilometer Breite zieht sich das Gebiet entlang der Oder, im Westen von der Hohensaaten-Friedrichsthaler-Wasserstraße begrenzt und in der Mitte von zahlreichen kleinen Flussarmen der Oder durchzogen. Das häufig überflutete Auental prägt den Charakter des Nationalparks, im Sommer quaken hier die Frösche, im Herbst und Winter geben Singschwäne ihr Konzert. Einen guten Ausgangspunkt für Erkundungen bietet Gut Stolzenhagen im gleichnamigen Ort.

Von hier aus sind es lediglich zwei Kilometer zum Oder-Neiße-Radweg, der an der Oder

Hin & Weg: Mit dem RE in 50 Min. vom Hauptbahnhof nach Angermünde. Von dort am besten die 12 km mit dem Fahrrad nach Stolzenhagen oder auch mit dem Rufbus.

Beste Zeit: Frühling, Sommer, Herbst. Auf jeden Fall aber mit genügend Zeit zum Entschleunigen.

Dauer & Strecke: 2 bis 3 Tage.

Ausrüstung: Gutes Schuhwerk, Mückenschutz, genügend Wasser. Proviant wird nur benötigt, wenn man besondere Ansprüche hat. Die Ortschaften

liegen nicht weit voneinander entfernt und Einkehrmöglichkeiten sind – wenn auch in kleiner Auswahl – vorhanden. Auf www.unteres-odertal.de findet man Wanderrouten und Einkehrmöglichkeiten.

Wenn es Nacht wird: Das zauberhafte Terezas, ein alter Pferdestall auf Gut Stolzenhagen am südlichen Ende des Nationalparks. Tereza und ihr Mann heißen auch Menschen willkommen, die für einige Zeit einen Arbeitsplatz in der Natur suchen. Die sehr preisgünstigen Zimmer sind ab zwei Nächten buchbar (www.terezas.de).

entlang direkt in das grüne Band des Odertals führt. Etwa sechs Kilometer weiter nördlich steht der Oderturm, der auf elf Metern Höhe eine schöne Aussicht über die Oderlandschaft bietet. Von hier führt der Auenpfad fünf Kilometer gen Norden zum Besucherzentrum in Criewen. Neben der interessanten Ausstellung über den Nationalpark erhält man hier Informationen über weitere mögliche Wander- und Fahrradrouten.

Die Wanderrouten kann man zwar auch mit dem Fahrrad bewältigen, man bewegt sich aber teils auf alten Betonplatten, zwischen denen sich das Grün mittlerweile breitmacht. Es ist daher ratsam, auf einigen Wegen das Fahrrad einfach stehen zu lassen oder besser zu schieben.

Die Wanderwege im Unteren Odertal sind teils unbefestigt, teils alte Betonplatten aus DDR-Zeiten.

Am schönsten ist es wohl, sich einfach treiben zu lassen, verfahren kann man sich auch dank der Beschilderung kaum, und es gibt nur wenige Wege in dem wasserreichen Gebiet.

Wer es besonders langsam angehen möchte, bucht ein Kanu und schaut sich die Natur vom Wasser aus an. Im Kernbereich des Nationalparks darf man nur mit einem zertifizierten Guide aufs Wasser, an den Randbereichen sind auch individuelle Fahrten erlaubt. Informationen erhält man beim Bootsverleih, zum Beispiel beim Fischergarten in Schwedt/Oder (Am Bollwerk 15). Weitere Bootsverleihe findet man auch auf der Website des Unteren Odertals (siehe links bei Ausrüstung).

FAZIT: EIN ERLEBNISREICHES WOCHEN-ENDE MITTEN IM NATIONALPARK.

RUHE IM FASS

... auf dem Zeltplatz am Großen Seddiner See

#43

Nichts los in Seddin. So könnte man es wohl zusammenfassen. Dafür gibt's am Großen Seddiner See besonders eines: Ruhe. Wer im Sommer ein lauschiges Plätzen am See sucht, ist auf dem schönen Zeltplatz Icanos genau richtig. Selbst an einem sonnigen Wochenende im Juni ist der leer bis auf ein paar Dauercamper. Was man hier außerdem findet: Fässer, in denen man schlafen kann. Wie sich das anfühlt, kann man bei einem absolut ruhigen Wochenende im Grünen selbst ausprobieren.

Im lauschigen Kiefernwald hier am Nordufer des Großen Seddiner Sees stehen vereinzelt Zelte und Wohnwagen auf dem Campingplatz, es herrscht himmlische Ruhe. Und mittendrin: Camping-Fässer, die aussehen wie überdimensionierten Gurkenfässer aus dem Spreewald. Das Schlafgefühl im kleinen Holzwunder ist beinahe wie im Baumhaus. Die von außen winzig wirkenden Fässer bieten tatsächlich einen kleinen Sitzbereich und zwei Matratzen. Bettzeug und Bettwäsche sind inklusive, man kann daher auch einfach vor Ort buchen, sollte glücklicherweise eines der drei Fässer noch frei sein. Man kann aber auch einfach

Im Fass schlafen - das geht nicht nur im Spreewald.

sein eigenes Zelt aufschlagen und ein entspanntes Wochenende genießen.

Der Seddiner See ist groß genug, um eine ausgiebige Paddelrunde einzulegen. Ruderboote gibt's am Campingplatz, Kanus und Kajaks können am Südufer in Kähnsdorf neben dem Gasthof Zur Reuse gemietet werden. Der kleine Ort mit seinem riesigen Findlingsgarten ist ohnehin einen Ausflug wert. Neben den Steinen werden im Freilichtmuseum Skulpturen und Werke lokaler Künstler ausgestellt.

Direkt nebenan befindet sich außerdem die Kulturscheune, ein altes Fachwerkhaus aus dem 18. Jahrhundert, das heute verschiedene Ausstellungen beherbergt und als Veranstaltungsort dient. Ein schöner Bauerngarten umschließt das Haus, das Überbleibsel aus den Fischerzeiten ist.

Für lukullische Genüsse sorgt man entweder selbst oder stattet dem Café Seeblick in der Hauptstraße 17 einen Besuch ab. Sehr zu empfehlen ist auch der Fischerhof Seddiner See nahe der Hauptstraße in der Fischergasse 1, wo man sich fürs Wochenende mit herrlichem Fisch eindecken oder sich gleich einen Räucherfisch schmecken lassen kann.

Wer noch etwas laufen möchte: Um den Seddiner See führt durch schönen Wald und über Wiesen ein Rundweg. Im Süden geht der Weg aber teilweise an der Straße entlang.

FAZIT: EIN ABSOLUT RUHIGES CAMPING-ERLEBNIS NAHE BERLIN. DER CLOU: WER MÖCHTE, KANN DIE NÄCHTE IN EINEM FASS VERBRINGEN.

Hin & Weg: Mit dem RE7 vom Hauptbahnhof, Charlottenburg oder Potsdam in einer halben Stunde nach Seddin. Der Zeltplatz liegt am Nordufer des Großen Seddiner Sees im Ortsteil Neuseddin.

Beste Zeit: Sommer oder Spätsommer außerhalb der Schulferien, sonst ist es mit der Ruhe vorbei.

Dauer: 2 bis 3 Tage.

Ausrüstung: Campingsachen und Verpflegung. Der Campingplatz ist mit Sanitäranlagen ausgestattet, hat aber keine Gaststätte und der Kiosk öffnet unregelmäßig.

Wenn es Nacht wird: Eines der günstigen Campingfässer auf dem Zeltplatz Icanos buchen (Bettzeug ist inklusive) oder das eigene Zelt mitbringen (www.campingplatz-icanos.de).

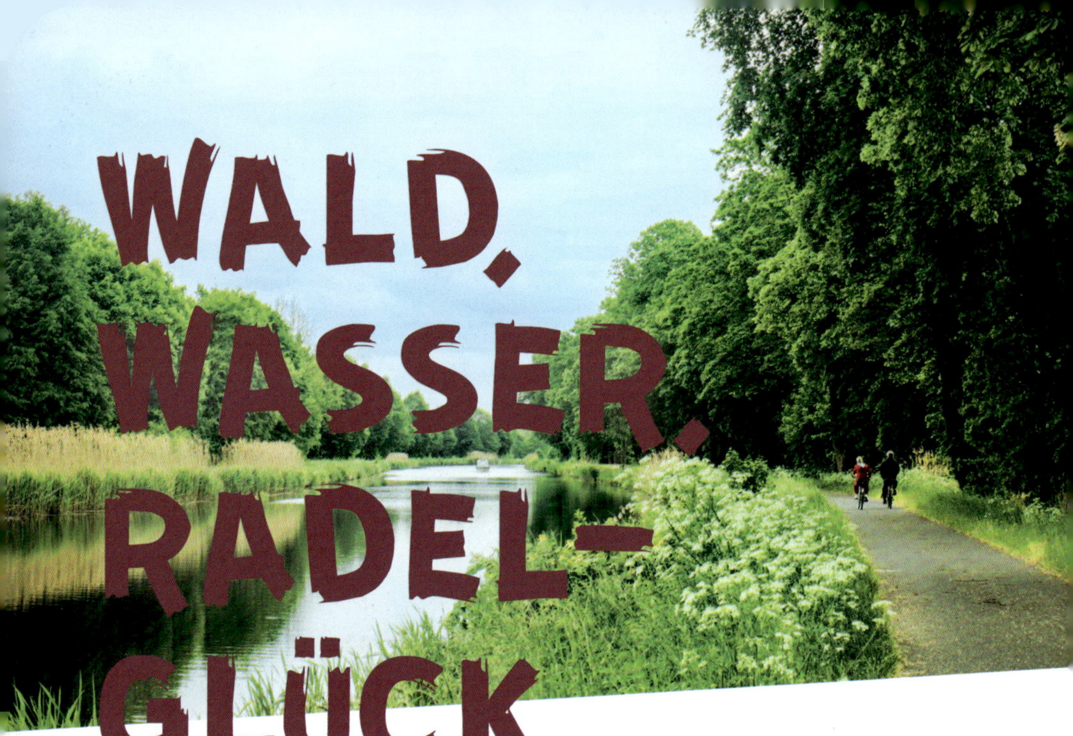

WALD, WASSER, RADEL-GLÜCK

... auf dem Havelradweg durch die Oberhavel

#44

Der Havelradweg ist weitgehend ein reiner Radweg mit festem Untergrund, das Radeln ist daher sehr entspannt und auch für Ungeübte angenehm. Wenn auf der Strecke auch noch so ein schöner Vierseitenhof liegt wie Das Blaue Pferd in Zehdenick, steht dem perfekten Wasser-Wald-Landleben-Wochenendausflug nichts mehr im Weg.

#Landleben #Fahrradtour #amWasser

Blick auf das Havelschloss und den schönen Schlossgarten.

Los geht's am Bahnhof Zehdenick in die Eisenbahnstraße gegenüber. Am Ende der Straße rechts auf die Bahnhofstraße abbiegen, nach etwa 500 Metern links in die Fischerstraße.

Werden noch Lebensmittel für das Abendessen benötigt: Ein Stück weiter geradeaus ist ein Supermarkt. Auf der Fischerstraße gelangt man zur Schleuse, die einen kurzen Stopp wert ist.

Kurz hinter der Schleuse befindet sich die Einfahrt zum Havelschloss Zehdenick mit dem schönen Schlosspark. Wer abends nicht selbst kochen möchte, kann sich hier einen Tisch reservieren (www.schlosszehdenick.de).

Weiter vom Schloss in die Schmelzstraße bis zur Dammhaststraße fahren, links einbiegen und nach 400 Metern auf die Liebenwalder Straße rechts abbiegen. Nach 300 Metern zweigt schräg gegenüber die Ackerstraße ab. Immer schön die Hauptstraße entlang geht's nun zum Blauen Pferd.

Die Künstlerin Elisophie Eulenburg hat den typischen Vierseitenhof gemütlich gestaltet: Nur wenig wurde ersetzt, vieles restauriert

oder rückgebaut. Die urigen Holzdielen sind ebenso erhalten wie einige alte Öfen – hier wird noch mit Holz geheizt.

Am zweiten Tag geht's auf dem Havelradweg nach Norden zum Ziegeleipark Mildenberg und zur Mühle Tornow. Zehdenick war Anfang des 20. Jahrhunderts der größte Ziegeleistandort Europas. Die Mauerziegel brauchte man dringend für den Ausbau Berlins.

Der Havelradweg führt durch die Tonstichlandschaft und ist leicht zu finden: Vom Hof zur Bahnhofstraße zurückfahren, dort geradeaus den Klausdamm bis zu den Gleisen nehmen und rechts auf den Havelradweg/ Radweg Berlin-Kopenhagen abbiegen. Nach sechs Kilometern ist man am Ziegeleipark (www.ziegeleipark.de).

Mittags kann man in der Mühle Tornow etwa fünf Kilometer weiter nördlich einkehren, sie ist eine der wenigen gut erhaltenen Wassermühlen (www.muehle-tornow.de).

Am dritten Tag geht es auf einem der schönsten Streckenabschnitte des Havelradweges zurück Richtung Berlin. Am Vosskanal auf den Radweg auffahren. Unterwegs kann man Vögeln lauschen, Libellen beobachten, Kraniche trompeten hören.

Am Bischofswerder Damm weiter der Havelweg-Beschilderung folgen, auch wenn sie von der Havel wegzuführen scheint. Auf Hungrige wartet in Liebenwalde an der Marina ein leckeres Fischbrötchen. Frisch gestärkt geht's danach ein Stück an der Berliner Straße entlang und nach etwa drei Kilometern über

Der Vierseithof Das Blaue Pferd beherbergt heute Künstler und Wochenendgäste.

den Kanal, anschließend scharf rechts in den Wald. Bis zum Grabowsee zehn Kilometer immer geradeaus fahren, riesige Buchen und Eichen flankieren die Route.

Am Grabowsee führt der Radweg weiter zum Lehnitzsee, der ganz in der Nähe des Oranienburger Bahnhofs liegt, von dem regelmäßig S-Bahnen zurück nach Berlin fahren. So kann man am See noch eine verdiente Pause einlegen und eine Runde schwimmen gehen.

FAZIT: EIN FAHRRADWOCHENENDE MIT ZAUBERHAFTER HOFUNTERKUNFT.

Hin & weg: Mit dem RE in etwas über einer Stunde vom Hauptbahnhof nach Zehdenick, in Löwenberg umsteigen. Zurück mit der S-Bahn von Oranienburg zum Beispiel direkt zum S-Bahnhof Friedrichstraße in einer Dreiviertelstunde.

Beste Zeit: Frühsommer, Sommer und Herbst – schönes Wetter ist von Vorteil.

Dauer & Strecke: 2 Nächte, 3 Tage. Insgesamt ca. 57 km Radfahren.

Ausrüstung: Fahrrad, Proviant, Sonnencreme und Mückenschutz. Bargeld, da das Zahlen mit Karte nicht immer möglich ist.

Wenn es Nacht wird: Eines der zehn Betten im Blauen Pferd (www.das-blaue-pferd.de). Die günstigen Zimmer werden nur für zwei Nächte vermietet – aber es wäre ja auch zu schade, hier nur eine einzige Nacht zu verbringen.

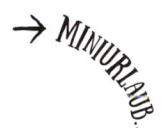

FILMREIFE NÄCHTE

⇒ ... im Schlafwagenhotel am Bahnhof Rehagen ⇐

#45

Wer Züge mag, wird diese Unterkunft lieben: Inmitten filmreifer Kulisse stehen alte ausgemusterten DDR-Waggons und sehen ein bisschen verlassen aus. Innen aber die Überraschung: Ein gemütliches Bett, Stühle und Tisch, Dusche und Toilette sorgen für Komfort. Sogar ein Fernseher steht überflüssigerweise herum – dabei gibt es hier genug zu entdecken, nicht nur die wunderbare französisch-brandenburgische Küche im Bahnhofsrestaurant.

#Schlafwaggon #imGrünen #VerlassenerBahnhof #wieGottinFrankreich

Einige alte Reliquien vom Bahnhof haben die Zeit überstanden.

Abend erstrahlt das alte Bahnhofsgebäude in warmen Gelbtönen der Laternen.

Eine Runde noch um die Waggons, die Kräuterbeete, den Bouleplatz (der muss natürlich sein) und die alte Scheune, die zu einem Tanzsaal ausgebaut werden soll – denn immer mehr Paare finden hier den perfekten Platz, um Hochzeit zu feiern.

Anschließend geht es zum Abendessen. Im Innern des Bahnhofes dann Überbleibsel aus vergangenen Zeiten: ein alter Fahrkartenautomat, ein Schrankenschild, die alte Bahnhofsuhr und auch die alte Treppe ist noch vollständig intakt. Dazu passendes Interieur mit alten Sesseln und modernen Barhockern. Gegenüber der alten Backsteinwand ein frisches Blau und Holztische.

Die Karte ist übersichtlich: auserlesene Speisen französisch-deutscher Küche, von Elsässer Flammkuchen über Zanderfilet zur Ochsenschwanzsuppe. Quinoasalat als Vorspeise, zum Nachtisch vielleicht eine Crème brulée? Die Weinkarte lässt ebenfalls keine Wünsche offen, und weil es kühl ist an diesem Abend, sitzt man einfach noch ein bisschen länger.

Dann geht es ab ins weiche Bett mit den seidenen Laken, denn morgen ist ja auch noch ein Tag. An dem man Draisine fahren oder die verboten Stadt in Wünsdorf entdecken kann (siehe Eskapaden #29 und #22). Oder man

Vor einigen Jahren fanden Monsieur und Madame Boyer aus Frankreich den kleinen Bahnhof Rehagen und beschlossen, hier fortan ihr Glück zu finden. Sie kauften das Gebäude und bauten eine Kulisse herum, die aussieht wie aus einer anderen Zeit.

Wenig überraschend also, dass hier schon eine Filmszene für Monuments Men gedreht wurde, für die der Bahnhof des Pariser Vororts Le Bourget nachgestellt wurde. Der Schriftzug prangt immer noch auf der alten Brücke über den Gleisen.

Vor dem alten Bahnhofsgebäude stehen weiße Tische und Stühle, reges Geschirrgeklapper, das Restaurant ist beliebt. Die alten Waggons, die das Schlafwagenhotel bilden, standen ursprünglich nicht hier und wurden in einer Riesenaktion mit Spezialkran an Ort und Stelle gebracht. Am

geht gemütlich im Mellesee baden. Spielt dann vielleicht noch eine Runde Boule, bevor man sich auf den kleinen Waggonvorsprung setzt und überlegt, welche Hauptrolle man gerne spielen möchte.

Hin & Weg: Mit dem RE5 oder 7 vom Hauptbahnhof in 50 Min. nach Zossen, von dort die 9 km radeln (den Hinweisschildern folgen), alternativ Anfahrt mit dem Auto. Der historische Bahnhof Rehagen liegt direkt an den alten Gleisen der Draisinenstrecke in Rehagen-Klausdorf.

Beste Zeit: Immer, außer während der Winterpause. Am besten vorher die Website checken.

Dauer: 1 bis 2 Nächte.

Ausrüstung: Neben der gewünschten Wochenend-Ausstattung nichts.

Wenn es Nacht wird: Im Schlafwaggon wartet ein weiches Bett (www.bahnhof-rehagen.de).

FAZIT: SCHLAFEN WIE MISS MARPLE UND AUF GEORGE CLOONEYS WEGEN WANDELN.

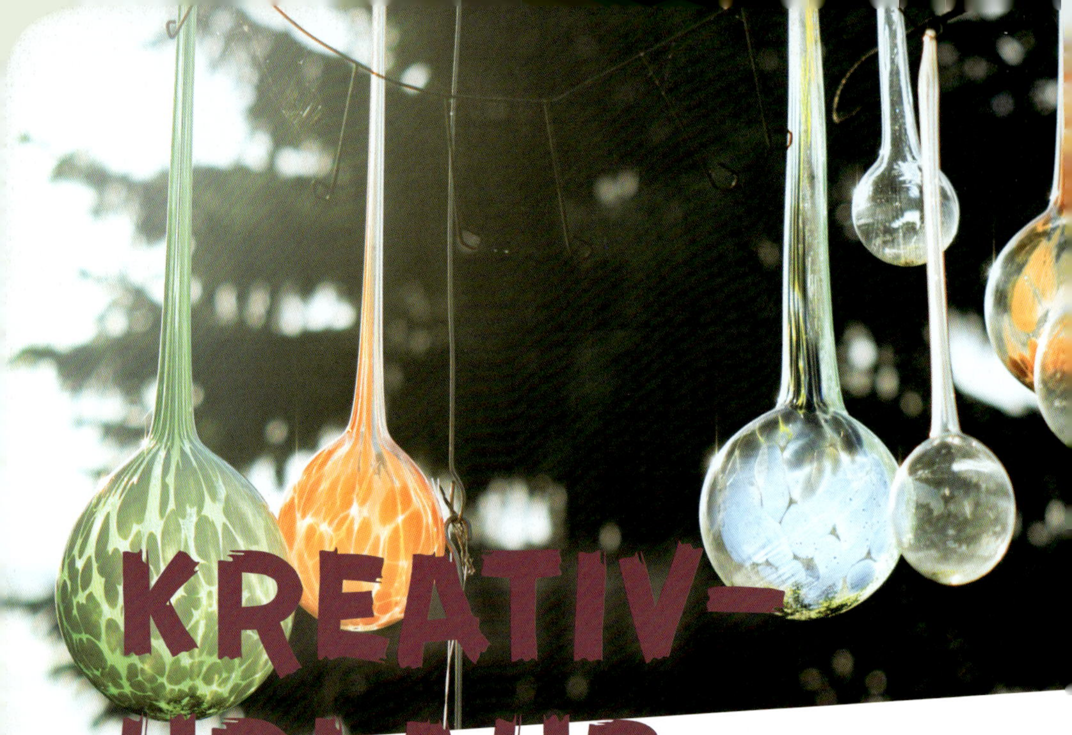

KREATIV-URLAUB

… im Museumsdorf Baruther Glashütte

#46

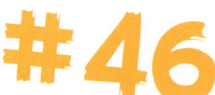

Museumsdorf – das klingt nach verstaubten Vitrinen und toter Geschichte. Das Museumsdorf Baruther Glashütte hingegen ist ein sehr lebendiges Künstlerdorf. Es wäre viel zu schade, nur für einen Nachmittag herzukommen, so schnell kann man kaum kennenlernen, was das Dorf zu bieten hat.

#Landleben #Kultur #Kunst

Den Glaser*innen live zuschauen und sogar selbst mal ausprobieren – das geht im Museumsdorf Glashütte.

Im kleinen Glashütte im brandenburgischen Fläming leben gerade einmal 50 Bewohner und auch wenn der Begriff »Museumsdorf« anderes vermuten lässt – der Ort ist ganzjährig bewohnt. Hier kann man nicht nur anschauen, sondern erleben, wie Glas geblasen, Wolle gefärbt oder Schalen getöpfert werden, sich bei gutem Essen und Wein verwöhnen lassen und nebenbei die vielen alten Häuser mit ihren Gemüse- und Bauerngärten bewundern. Die Bewohner stellen auf den Kopf, was man sich unter einem geruhsamen Dorfleben

vorstellt. Wer sich hier niederlassen möchte, muss sich kreativ in die Gemeinschaft einbringen. Genau diese Philosophie des Dorfes ist hier auch für den Besucher an jeder Ecke zu spüren.

Die Bahntrasse nach Glashütte ist längst stillgelegt, die drei Kilometer vom Bahnhof Klasdorf kann man aber mit dem Fahrrad überwinden. Der Bahnhof ist einen Blick wert: In Eigeninitiative wurde das denkmalgeschützte Gebäude restauriert, der Hauptraum wieder

Wer selbst kreativ wird, nimmt am Ende des Tages sein ganz persönliches Erinnerungsstück mit nach Hause.

zugänglich gemacht und die benachbarte Scheune für regelmäßige Tanz- und Musik-events hergerichtet (www.bahnhof-klasdorf.de). Glashütte besteht hauptsächlich aus einer Dorfstraße, an der die verschiedenen Höfe angeordnet sind. Das alte Gleis, auf dem die Rohstoffe zu den Glasbrennöfen transportiert wurden, ist teilweise erhalten. Mehrere Gehwege und Holzstege sind außerdem gebaut worden, um die verschiedenen Höfe zu verbinden. Ein alter Waggon vermittelt einen Eindruck von der Geschichte des Ortes.

Schilder weisen den Weg zu Läden und High-lights. Weiß man dennoch nicht wohin, einfach fragen. Jeder kennt hier jeden, und die Bewohner geben gerne Tipps und Auskunft.

Das Museum sollte man gesehen haben, hier erfährt man auch, warum ein Sturm vor

Hin & Weg: Mit dem RE3 in unter 2 Std. nach Klasdorf, von dort 3 km mit dem Fahrrad nach Glashütte.

Beste Zeit: Frühsommer, Sommer und Herbst. Unter der Woche geht es ruhiger zu, da einige Läden aber nur am Wochenende geöffnet haben, bietet sich ein Besuch von Donnerstag bis Samstag oder Sonntag an.

Dauer: 2 bis 3 Nächte.

Ausrüstung: Einfach herkommen und genießen. Im alten Konsum kann man sich notfalls noch urig eindecken.

Wenn es Nacht wird: Sich in eines der großzügigen Appartements bei Ros(t)ige Zeiten von Cordula Albrecht verdrücken oder eine Gästewohnung im Neunlinden buchen, einem der ältesten Glasmacherhäuser im Ort. Mehr unter www.museumsdorf-glashuette.de

Ausführliche Rundgänge durchs Dorf mit Schokoladenverkostung und leckerem Kuchen im Café Albertine.

300 Jahren zur Gründung der Baruther Glashütte führte. Museumsleiter Dr. Georg Goes bietet auch Dorfrundgänge an.

Wer auf eigene Faust loszieht: Schön sind auch Blicke hinter die Häuser, wo allerlei Gemüseanbau und Imkerei stattfinden – aber bitte die Bewohner vorher um Erlaubnis fragen! Morgens empfiehlt sich ein Besuch in der Pott-Teria, hier kann man das schöne Töpfergeschirr beim reichhaltigen Frühstück gleich ausprobieren. Bei Reuners kann man hervorragend essen. Wer noch mehr Zeit hat, sollte eine Weinprobe im WeinSalon machen, bei der sogar brandenburgische Weine gereicht werden. Hat man dann immer noch nicht genug, findet sich am nahegelegenen Flaeming-Skate die perfekte Fahrradstrecke. Ein Ausflug in den Wildpark Johannnismühle bietet die Möglichkeit, Mufflons, Damwild und Wölfe zu erleben.

FAZIT: LANDWOCHENENDE MIT 1001 MÖGLICHKEITEN ZUM SCHLEMMEN UND KREATIVWERDEN.

ZWISCHEN BÄUMEN SCHWEBEN

 … im Baumzelt in Borkheide

 Man sieht sie immer häufiger in Outdoor-Magazinen: erleuchtete Zelte, die zwischen Bäumen hängen. Cool sieht es aus, aber ob das auch wirklich gemütlich ist? Das kann man ganz in der Nähe von Berlin selbst testen, nämlich in den Wäldern um Borkheide im Fläming.

#Zelten #Glamping #TräumeninBäumen #Sternegucken

Sorgt für einen guten Start in den Tag: am Morgen mit einem wundervollen Blick in die grünen Baumwipfel aufwachen.

Mitten im Grünen, nur eine halbe Stunde von Berlin entfernt, haben sich Marlies Langrock und Klaus Herrmann mit ihrem Waldparadies Borkheide einen lang gehegten Wunsch erfüllt und ein kleines Eldorado geschaffen für geselliges Miteinander, Ausspannen in herrlicher Natur und kreative Entfaltung.

Hier kann man sie testen: Hanging tents. Knapp zwei Meter über dem Boden schweben die ufo-ähnlichen Gebilde im Wald. Am besten lässt man das Überzelt weg, um mit freiem Blick in die Baumkronen das Gefühl zu bekommen, zwischen den Bäumen zu schweben. Wenn es kühler wird oder zu tröpfeln beginnt, ist das Überzelt schnell angebracht. Der Einstieg mit einer losen Leiter ist ungewohnt, aber fix gelernt. Wer hinunterspringt, landet auf dem weichen, moosgefederten Untergrund, auf dem sich auch gut eine Barfußrunde durch den Wald einlegen lässt. Schon in der Dämmerung beginnen die Waldgeräusche sich zu verändern, trotz des aufgeräumt wirkenden Nadelwaldes. Amseln geben

Künstleratelier und Eventlocation in einem: In der Scheune finden auch Lesungen und Hochzeiten statt.

ein Abendkonzert, vielleicht kommt auch ein Fuchs vorbei, der sich hier mittlerweile heimisch zu fühlen scheint, oder ein Zug rauscht in der Ferne vorbei. In den Zelten ist genügend Platz für zwei. Durch die Drei-Punkt-Aufspannung, die natürlich professionell von den Gastgebern übernommen wird, und den speziellen Boden kullert man auch nicht in die Mitte. Man liegt wie auf einem Wasserbett

und wähnt sich in einem gemütlichen Kokon mitten in der Natur. Wem es gefällt, der kann auch eine Seite des Innenzeltes komplett öffnen und ohne Trennung zwischen sich und der Welt direkt in die Baumwipfel schauen.

Am Morgen kitzeln Sonnenstrahlen die Schläfer wach. Frische Luft in und über dem Zelt. Wer möchte, genießt jetzt ein Frühstück, das

Hin & weg: Mit dem RE7 in einer Dreiviertelstunde vom Hauptbahnhof nach Borkheide. Von dort wenige hundert Meter über den Paradiesweg bis zum Ende zum Waldparadies.

Beste Zeit: Frühling, Sommer, Herbst. Wer einen guten Schlafsack besitzt, kann auch im Winter kommen und sich zwischendurch in der Scheune oder unter der heißen Dusche aufwärmen.

Dauer: 1 bis 2 Nächte.

Ausrüstung: Am besten das Fahrrad mitnehmen, um vor Ort flexibel zu sein. Verpflegung, vor allem für das Mittagessen, denn im Ort gibt es keine Einkaufsmöglichkeiten. Ohrenstöpsel für diejenigen, die mit Waldgeräuschen nicht gut schlafen können. Mückenschutz.

Wenn es Nacht wird: Ein Platz im Schwebezelt ist ein besonderes Erlebnis, das Waldparadies bietet aber auch einen regulären Campingplatz und eine Ferienwohnung (www.waldparadies-borkheide.de).

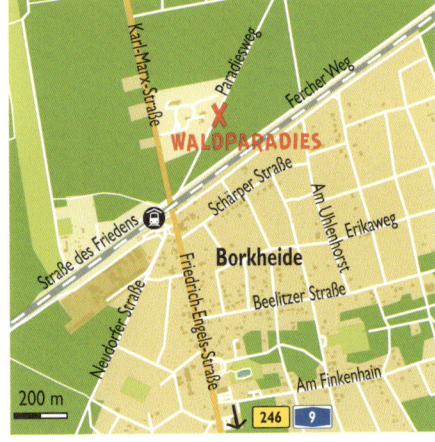

Marlies Langrock auf Wunsch herrichtet. Oder man bereitet sein Essen in der vollständig eingerichteten Küche in der Scheune einfach selbst zu.

Hat man danach einen anderen Plan, als im Garten zu entspannen oder durch den Wald zu streifen, kann man die alten Gemäuer der Beelitzer Heilstätten und den Baumwipfelpfad in Beelitz erkunden (Eskapade #35). Am besten gleich ein Fahrrad dabeihaben, dann kann man auf dem Fahrradweg einfach immer an der Bahnstrecke entlang gemütlich hinradeln. Im Spätsommer gibt's unterwegs stets etwas zu naschen: Vor der Autobahnunterführung gibt's Brombeeren ohne Ende, ein Gefäß zum Sammeln mitnehmen. (Zu Fuß ist die Strecke etwas eintönig, dann lieber die Bahn nehmen.) Noch mehr radeln kann man auf dem Europaradwanderweg R1, der hier entlangführt.

FAZIT: CAMPING MAL ANDERS, HIER SCHWEBEN DIE ZELTE ÜBER DEM BODEN. BESONDERS SCHÖN IN STERNENKLAREN NÄCHTEN.

BLICK IN DIE STERNE

⸓ ... im Sternenpark Westhavelland bei Gülpe ⸓

#48

Einer der besten Plätze Deutschlands für die Beobachtung von Sternen ist der Sternenpark Westhavelland, nordwestlich von Berlin gelegen. Am besten verbindet man den Ausflug mit einer Kanutour und einer Übernachtung in Gülpe. Ob im Biwak, Zelt oder Hängezelt – man darf diesen Frühlings- oder Herbstausflug ruhig magisch nennen.

#Sternengeflüster #Hängezelt #Kanufreuden #abindieWildnis

Im Jahr 2014 kürte die International Dark Sky Association den Naturpark Westhavelland zum ersten Sternenpark Deutschlands. Aufgrund der dünnen Besiedlung gibt es hier extrem wenig Lichtverschmutzung, und der dunkle Nachthimmel bietet bei klarem Wetter einen spektakulären Blick auf die Milchstraße und diverse Sternennebel, wie man das vielleicht irgendwo in den Anden vermuten würde, aber nicht gerade in Brandenburg.

Hin & Weg: Entweder direkt mit dem RB nach Rathenow und von dort mit dem Bus 684 weiter bis Gülpe-Havelaue (etwa alle 2 Stunden) oder mit dem Bus bis Wolsier, Havelaue und 3,5 km an der Hauptstraße entlang bis nach Gülpe (siehe bahn.de). Besser: Mit dem Kanu oder Kajak von Rathenow direkt bis zum Biwakplatz nach Gülpe, ca. 22 km. (Kanuverleih: www.kanuvermietung-milow.de, www.kanu-rathenow.de).

Beste Zeit: Bei klarem Himmel und Biwakwetter. Mai bis Mitte August sind wegen der langen Tageshelligkeit weniger geeignet.

Dauer: 1 bis 2 Tage. Achtung: Auf dem Biwakplatz darf nur eine Nacht verbracht werden!

Ausrüstung: Sehr warmes Equipment zum Biwakieren bzw. Zelten, nachts kann es kalt werden! Fürs Kanufahren die entsprechende Ausrüstung inklusive wasserfester Tonne für die empfindlichen Sachen, z. B. die Kamera. Für die Sternenfotografie ist eine Kamera mit manueller Fokussiermöglichkeit und Blenden- sowie Zeiteinstellung erforderlich, aufgrund langer Belichtungszeiten ist ein Stativ empfehlenswert.

Wenn es Nacht wird: Ab in den Schlafsack! Wem es zum Zelten zu kalt ist, der kann im Hof der Stille nach einem Gästezimmer fragen (www.hofderstille.de).

Im Sternenpark Gülpe wird es dunkel, wenn die Sonne untergeht, denn hier ist die Lichtverschmutzung besonders gering. Der Sternenhimmel ist deshalb sehr gut zu erkennen.

Die Webseite www.sternenpark-westhavel land.de zeigt mehrere Beobachtungsplätze. Da die Anreise mit öffentlichen Verkehrsmitteln jedoch dauert, bietet es sich an, gleich einen Miniurlaub zu machen, und das geht am besten auf dem Biwakplatz in Gülpe.

Die Anreise erfolgt mit dem RE über Rathenow, von hier fährt der Bus 684 zweistündlich nach Gülpe. Von der Haltestelle Gülpe-Havelaue geht es wenige Meter zur Gülper Hauptstraße, dieser nach Westen (rechts) folgen. Nach 100 Metern biegt die Hauptstraße nach rechts ab, nach weiteren 150 Metern endet die Teerstraße abrupt, weiter geht's über einen Wiesenweg einfach ein Stück geradeaus. An der Gülper Havel angekommen, steht man mitten auf dem Biwakplatz, Tische, Bänke, ein Dixie-WC und ein Informations-Schild machen diesen nur dezent kenntlich. Auf dem Informationsschild befindet sich auch die Telefonnummer für die Anmeldung, eine kleine Gebühr erhebt die Gemeinde für die Nacht.

Noch schöner lässt es sich mit dem Kanu auf der Havel anreisen: In Rathenow kann man Kanus oder Kajaks mieten, und es kann direkt in die Alte Havel eingestiegen werden. Die Havel stromabwärts geht es 22 Kilometer nach Norden durch sehr ursprüngliche Natur direkt zum Biwakplatz Gülpe. Die Tour lässt sich beliebig verlängern, gestartet werden kann zum Beispiel auch schon von Milow oder Premnitz aus, das verlängert die Tour auf etwa 35 Kilometer. Die Anbieter der Kanus bieten üblicherweise Ein- und Ausstiege an allen Orten an. Am besten lässt man in Gülpe die Kanus

abholen und fährt nach der Sternennacht mit dem Bus zurück nach Rathenow.

Lust auf ein ganz besonderes Zelt-Erlebnis? Dann einfach vorher ein Cacoon-Hängezelt (www.unterm-sternenhimmel.de) mieten und die ganze Nacht unterm Sternenhimmel »abhängen«.

Ausflugstipp: Nicht weit entfernt in Milow befindet sich das Naturparkzentrum, das über den Sternenpark aufklärt und einen tollen Sternerlebnisraum bietet.

FAZIT: SPEKTAKULÄRE NATURFREUDEN MIT MINIMALISTISCHER AUSRÜSTUNG.

ACHTUNG, FERTIG, LEINEN LOS!

 ... mit dem Hausboot auf der Havel

 Wer fing eigentlich mit dem Hausboot-fahren an? Es müssen die Brandenburger oder die Mecklenburger gewesen sein. Eine Datsche auf einen See zu verlegen ist eben naheliegend, wenn man von beidem mehr als genug hat. Bereits ein Wochenende genügt, um absolut tiefenentspannt zurückzukehren.

#Wasserfreuden #Digitaldetox #Naturpur #Seenplatte

Einfach mal abhängen – im Hausboot auf der Havel.

Zuerst einmal muss man sich entscheiden, wie komfortabel es auf dem Wasser werden soll: Wer nicht auf die Dusche verzichten möchte, mietet ein Bunbo (Bungalowboot). Wer es ursprünglicher mag, ohne feste Türen und mit Sägespäne-Eimer als Toilette, wählt ein Naturfloß. Worauf man aber in jedem Fall achten sollte: eine Außensteuerung. Wer will schon das Naturerlebnis verpassen, weil er die ganze Zeit drinnen sitzen muss?

Hausboot-Vermietungen sind über ganz Brandenburg verteilt. Am besten hält man sich an die Havel, kaum ein Fluss bietet so viel Abwechslung. Guter Startpunkt nördlich von Berlin: Fürstenberg in der Uckermark. Von hier aus kann man über Schwedt- und Stolpsee in den immer schmaler werdenden Arm der Havel schippern und Wildnis genießen. Wird es für ein Bunbo zu eng (man muss noch wenden können!), fährt man zurück über den Röblinsee in den Ziernsee und bis zum Ellenbogensee – diese Seenplatte ist eine der schönsten Norddeutschlands. Südlich von Berlin ist Brandenburg Stadt ein guter Ausgangspunkt. Für Wildnis steuert man nach Osten Richtung Trebelsee in die Mittlere Havel. Seeliebhaber fahren nach Westen auf den Breitlingsee und können anschließend den Möserscher See, den Plauer See und den Quenzsee erkunden oder weiter auf der hier recht breiten Havel nach Norden treiben.

Die Einweisung erfolgt bei der Abholung, bei größeren Hausbooten ist vorab noch ein kurzer Kurs erforderlich. Deshalb besser genügend Zeit einplanen und am Abholtag früh vor Ort sein.

Ausreichend Vorräte schaden auch nicht, denn unterwegs sind zwar Einkaufsmöglichkeiten vorhanden, ist man aber erst einmal auf dem Wasser, hat niemand mehr Lust auf Organisatorisches.

Das Steuern geht leicht von der Hand und man möchte jetzt gar nichts mehr tun als hier zu sitzen. Das einzige Alltagsproblem ist der Ankerplatz am Abend. Bei größeren Hausbooten ist es möglich, ein kleines Ruderboot dazu zu mieten. Das ist zum Anlanden sinnvoll, wenn das Hausboot auf dem Wasser ankert,

denn wer will schon im Hafen übernachten, wenn er die Wildnis haben kann?

Wenn es dunkel ist und hoffentlich die Sterne leuchten, geht es in die Koje. Der nächste Morgen beginnt durch die ungewohnten Geräusche meist früh. Wer rechtzeitig aufsteht, sieht noch den Morgennebel auf dem spiegelglatten Wasser entschwinden. Nach einem Frühstück tuckert man dann gemütlich weiter. Wem langweilig wird, der ankert und nimmt sich ein Buch oder springt ins kühle Wasser. Auch Schleusen müssen bewältigt werden.

Tipp: Nur zu zweit schleusen und niemals an der Schleusenwand festbinden. Anschließend geht es immer weiter auf der Havel durch das wilde Brandenburg. Besser die Tage in einem Kalender abstreichen, sonst vergisst man die Zeit.

Am Morgen verträumter Nebel auf dem Wasser, am Abend wird das Feuer auf der eigenen Terrasse angezündet.

Hin & Weg: Gute Startpunkte sind die Städte Fürstenberg und Brandenburg an der Havel.

Beste Zeit: Sommer und Herbst, da ist Badewetter wahrscheinlicher.

Dauer: Besser 3 bis 4 Übernachtungen, bei lediglich 2 Nächten fällt der Abschied einfach zu schwer.

Ausrüstung: Besser zu viel als zu wenig, Ausstattungsliste vom Anbieter beachten. Auf jeden Fall sollten mit: Taschenlampe, Regenjacke, Klopapier, Geschirrtücher, Spülmittel, warme Decke zum Draußensitzen, Lichterkette, um es abends schön zu haben, Mückenschutz.

Wenn es Nacht wird: Rein in die Koje! Gegen zu lautes Froschgequake helfen Ohrenstöpsel.

MAL DRAUßEN BLEIBEN

... jenseits der Müggelberge

#50

Haben Sie gewusst, dass es in Brandenburg eine abgeschwächte Version des Jedermannsrechtes gibt? Ein Zelt ist zwar nicht erlaubt, aber das Schlafen unter dem Sternenhimmel für eine Nacht schon. Selbstverständlich nicht in Schutzgebieten und nur ohne Lagerfeuer.

#Sternenhimmel #Wandern #Baden #Wald #Biwakieren

Warum nicht nachts einfach mal im Freien bleiben?

Einfach mal draußen übernachten, wann hat man das überhaupt schon einmal gemacht? Immer schön für eine Nacht im Freien ist ein See, an dem man sich morgens das Gesicht waschen und am Ufer gemütlich Kaffee trinken kann. Die wasserreiche Gegend südlich des Müggelsees bietet sich an, obwohl – oder weil – man hier nicht komplett alleine ist. Viele Bootsbesitzer »parken« hier ihre Boote und kampieren am Ufer. Vorher lässt es sich gut durch die Müggelberge wandern. Von der Haltestelle Rübezahl führt der Weg nach rechts. Nach kurzer Wegstrecke folgt man dem Schild Lehrkabinett Waldschule nach links und gelangt zum schönen Bohlenweg durch ein Feuchtgebiet. Entlang geht es am Teufelssee mit den vielen Seerosen. Gegenüber sieht man den Müggelturm, der einen Umweg erfordert, von oben aber eine fantastische Aussicht über die ganze Gegend bietet.

Um den höchsten Punkt der Müggelberge zu erreichen und somit auch die höchste natürliche Erhebung Berlins, hält man sich nach dem Bohlenweg geradeaus, läuft die kleine Treppe hoch und den recht steilen, sandigen

Ein Lagerfeuer ist natürlich nicht erlaubt, es spricht aber nichts gegen ein schönes Abendbrot.

aufwärts. Das ist ordentlich anstrengend, aber so eine Bergbesteigung erfordert sogar in Berlin ihren Tribut. Weiter geht es links über eine kleine Brücke. Hier unbedingt die Schilder beachten und keinesfalls auf den Downhill-Pfad laufen, auf dem Mountainbiker mit schwindelerregender Geschwindigkeit hinunterdüsen. Danach immer an den steilsten Weg halten. Nach der Sendeanlage weist ein Schild den Weg »Zum höchsten Berg Berlins«. Oben steht zwar ein Gipfelkreuz, einen weiten Blick versperren aber die Bäume. Danach zurück

Hin & Weg: Mit der U5 vom Alexanderplatz in 20 Min. zum Elstawerdaer Platz. Von dort mit dem Bus 169 Richtung Müggelheim in 25 Min. bis zur Haltestelle Rübezahl. Zurück ebenfalls mit dem Bus 169 zum Beispiel von der Haltestelle Müggelheim Dorf.

Beste Zeit: Warmer Sommertag mit guten Wetteraussichten.

Dauer: 2 Tage, 1 Nacht.

Ausrüstung: Ausreichend Wasser, GPS, Kompass, App (z. B. komoot) oder Google Maps, Gaskocher, Zutaten für Abendessen und Frühstück. Evtl. Ohren-

stöpsel – Vögel und Frösche können erstaunlich laut sein. Für die Notdurft mit einem Ast oder einer kleinen Schaufel ein kleines Loch graben und unbedingt umweltfreundliches Toilettenpapier benutzen, das mit vergraben wird. Handtuch und Badesachen mitnehmen!

Wenn es Nacht wird: Eine Isomatte hilft gegen den harten und nachts etwas kälteren Boden, eine wasserdichte Unterlage gegen den Morgentau. Oder man entscheidet sich für eine Hängematte (mit gutem Baumschutz). Ein warmer Schlafsack und auch im Sommer eine Mütze, die Berliner Nächte sind kühl.

zum Schild gehen und nach Süden weiter zum Langen See. Dort hat man eine wunderbare Aussicht. Nach links wenden und am Ufer entlang nach Südosten wandern. Zwischen dem Mischwald finden sich unzählige kleine Buchten, wo man ins Wasser springen oder bereits das Nachtlager aufschlagen kann. An Wochenenden ist es aber schon mal ordentlich voll, doch gegen Abend verschwinden die meisten Besucher.

Oder man läuft am Wasser entlang weiter nach Große Krampe. Ein Vorteil, wenn man sich hier niederlässt: Morgensonne von Osten. Allgemein sollte man das Nachtlager lieber weiter im Wald als zu nah am Wasser aufschlagen und auf Feuchtgebiete achten. Die Geräusche sind ungewohnt, wenn nicht einmal eine Zeltwand einen von der Natur trennt. Morgens wecken einen eventuell die Flugzeuge schon früh, die hier von Schönefeld zu hören sind. Dann kann man schon früher beginnen, die Idylle am Wasser bei einem Kaffee zu genießen. Von der Bushaltestelle in Müggelheim/Dorf kommt man schnell wieder in die Stadt. Man kann aber auch nach Süden gehen und die Fähre F21 nach Schmöckwitz nehmen, noch eine Runde am Seddinsee entlangspazieren und eine geräucherte Forelle im Restaurant Strandlust genießen. Zurück geht es dann mit der Tram oder dem Bus zum S-Bahnhof Grünau.

Tipp: Eine Kompass-App auf dem Smartphone ist hilfreicher für die Navigation unterwegs als Google Maps.

In den Müggelbergen zwischen Müggelsee und Langer See befindet sich die höchste natürliche Erhebung Berlins.

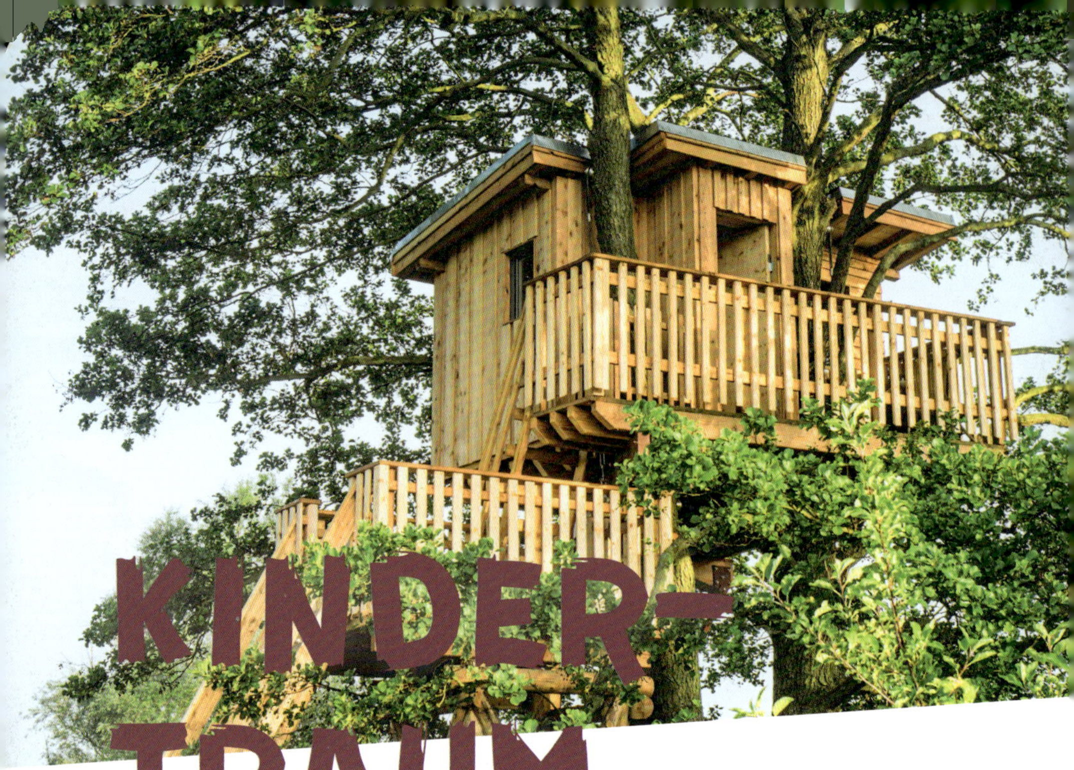

KINDERTRAUM

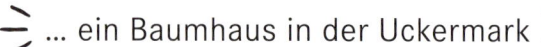 ... ein Baumhaus in der Uckermark

Ein Baumhaus mitten im Biosphärenreservat Schorfheide. Drum herum: Wald, Wild, Weiden. Ein Dorfladen. Und morgens ein großartiges Frühstück, während sich der Morgennebel lichtet. Das gibt es gerade einmal 60 Kilometer von Berlin in der Uckermark.

#Kinderträume #Wald #Schorfheide

Vom Baumhaus ist der Blick frei auf den Morgennebel über den Wiesen.

Der Bauernhof Gut Gollin liegt etwa elf Kilometer von Templiner Bahnhof entfernt, ein Großteil der Fahrradstrecke führt am schönen Lübbesee entlang. Links geht's in die Hans-Sachs-Straße und dann über Vietmannsdorfer und Gartenstraße zum Petersilienweg. Hinter dem Eggepfuhl, einem kleinen Tümpel, in die Rosa-Luxemburg-Straße einbiegen, ab hier ist der See ausgeschildert. Auf dem Fahrradweg am See entlang nach Süden fahren, an einer Abzweigung nach rechts weiter Richtung Gollin. Der Untergrund ist jetzt lose, aber gut zu befahren. Nach etwa einem Kilometer das Bollwinfließ überqueren und nach weiteren 200 Metern nach links Richtung Giersee abbiegen. Der Weg führt am Kleinen Holzsee entlang und biegt vor dem Großen Holzsee scharf nach links. Nach etwa 400 Metern erreicht man die Straße. Hier rechts abbiegen, nach 400 Metern ist Gut Gollin erreicht.

Schweine, Ziegen, Hühner und Hirsche fühlen sich auf dem Ökohof wohl.

Am Abend jagen Hermeline unter Bäumen nach Mäusen, und während sich die Sonne senkt, fragt man sich, wie man diesen Kindheitstraum so lange aufschieben konnte. Die Geräusche des Waldes dringen nachts durch die Baumhauswände ans Ohr und lassen den Ängstlichen wachen und den Waldliebhaber sanft einschlummern.

Verpassen sollte man am nächsten Morgen nicht das wunderbare Frühstück, das auf Wunsch geliefert wird. Beim Kaffeeschlürfen kann man beobachten, wie die Sonne die Tautropfen trocknet, und Tagespläne schmieden. Kulturinteressierte schauen sich die Altstadt von Templin mit den Fachwerkhäusern, alten Stadttoren und der gut erhaltenen Stadtmauer an. Wer auf Schräges steht und bereits an einem Freitagvormittag in Templin ist, sollte die Nudelmesse der Pastafaris

Susanne und Kalle Wurth erwarben den Hof samt Feld-, Wiesen- und Waldflächen vor wenigen Jahren und erfüllen sich hier ihren Traum einer nachhaltigen Bauernhofwirtschaft. Vieles wird für den Eigenbedarf hergestellt, der Rest landet im kleinen Hofladen.

Tagsüber kann man den Bauernhof erkunden, den kleinen Kühen beim Saufen zusehen und die Hühner anlocken. Das Hirschrudel fühlt sich anscheinend pudelwohl und hat sich in letzter Zeit gut vermehrt.

Die afrikanischen Ziegen sind eine Besonderheit und laufen neugierig, aber scheu umher. Gemütlich grunzt das Schwein Rosa vor sich hin. Was einen Namen trägt, wird nicht geschlachtet, denn das gehört zur Familie. Im Herbst stehen die Kraniche auf den Wiesen.

Hin & Weg: In 1,5 Std. mit dem RB12 vom Hauptbahnhof nach Templin und 14 km mit dem Fahrrad.

Beste Zeit: Frühling, Sommer, Herbst – Baumhaus geht immer.

Dauer: 2 bis 3 Tage.

Ausrüstung: Vor Ort ist für alles gesorgt, auch Bettwäsche und Handtücher sind inbegriffen. Essen ist in Templin möglich, oder man deckt sich fürs Picknick im Hofladen ein.

Wenn es Nacht wird: Ab ins Baumhaus! Wer lieber Steinwände um sich hat, bucht eine der großzügigen Ferienwohnungen auf Gut Gollin (www.gut-gollin.de).

Am schönsten: Morgens das Frühstück zwischen den Bäumen genießen.

nicht verpassen. Naturliebhaber zieht es in die Bollwinwiesen, Naturschutzgebiet und Teil des Biosphärenreservates Schorfheide-Chorin, oder zum Wandern an den Polsensee, zum Baden an den Lübbesee, mit dem Rad an den Großen Gollinsee.

Der Wildpark Schorfheide mit vielen heimischen und seltenen Tierarten ist auch nur 15 Kilometer weit weg.

Und sollte das Wetter doch einmal schlecht sein: Zur NaturThermeTemplin ist es nur einen Katzensprung.

**FAZIT: KINDERTRÄUME WERDEN WAHR –
PERFEKTE TAGE IM BAUMHAUS.**

MIT ALLEN WASSERN

❯... Winterwunder im Spreewald ❮

#52

Der Spreewald gilt als wunderschön, aber überlaufen. Doch es gibt Zeiten und Orte, da entfaltet er noch seinen ganzen Charme. Direkt neben der Schlossinsel in Lübben findet man selbst im bekanntesten Touristengebiet Brandenburgs Entspannung pur.

#Kajak #Bootstour #Wandern #Wellness #Wildnis

Wer sich im Winter in Lübben einquartiert, erlebt einen stillen und noch geheimnisvolleren Spreewald. Außerhalb der Saison herrscht hier völlige Ruhe. Sind die Kanäle zugefroren, kann man mit den Einheimischen Schlittschuh laufen. Bei freier Fahrt kann man eine winterliche Kajaktour unternehmen oder sich – dick in Decken gehüllt und mit einem Glühwein in der Hand – in einem Kahn durch die Gegend schippern lassen. Wanderungen durch den winterlichen Spreewald haben ihren ganz besonderen Charme.

Eine etwa eineinhalbstündige Kajak-Tour führt auf der Hauptspree nach Süden in den ruhigen Unterspreewald. Kajaks gibt's bei www.spree-wald-bootsverleih.de. Kähne fahren im Winter weniger, begegnet man ihnen, haben diese immer Vorfahrt. Nach der Hälfte der Strecke kann man links durch einen kleinen Verbindungskanal zum Burg-Lübbenauer-Kanal übersetzen und wieder zurückpaddeln.

Wer sich auch im Winter eine größere Tour zutraut, paddelt etwa 14 Kilometer nach Norden bis nach Schlepzig in den Unteren Spreewald. Die Strecke bis nach Groß Wasserburg ist eher eine Sommer-Tour. Dafür auf der Hauptspree bis zum Inselteich paddeln, dann links in den Puhlstrom biegen. Dieser verläuft im Zickzack

219

Viele kleine Holzbrücken führen über die Wasserkanäle im Spreewald und machen ihn auch zu Fuß erfahrbar.

und wird immer kleiner und ursprünglicher, man begegnet hier kaum mehr jemandem. Am langen Horstfließ dann scharf nach links einbiegen und dem Kanal bis zur Wasserburger Spree folgen, die rechter Hand nach Groß Wasserburg führt. Die einfache Strecke beträgt 18 Kilometer stromabwärts; am besten mit dem Bootsverleih die Abholung aus Groß Wasserburg vereinbaren.

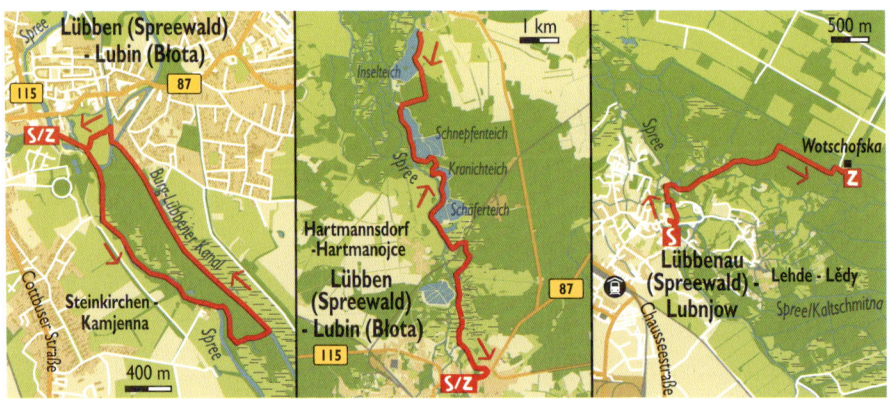

Der Winter ist magisch im Spreewald. Wer möchte, gönnt sich eine Kutschfahrt im Schlosspark Lübbenau.

Eine Wildnis-Tour per Rad durch den Unterspreewald führt von Lübben am Wasser entlang zum Inselteich und wieder zurück (ca. 22 Kilometer). Dafür an der Frankfurter Straße gegenüber vom Dreilindenweg nach Norden starten. Man fährt anfangs Am Roten Nil entlang, einem kleinen Seitenarm, der seine Farbe von Eisenablagerungen hat. Dann weiter am Nordumfluter bis zur Spree und nach Norden. Wegen des losen Untergrunds ist das etwas für trockene Tage.

Zu Fuß durch den Ort: Schlossinsel, Altstadt mit Stadtmauer, Stadtpark mit altem Baumbestand und dem Stein der Liebe – direkt vor der Hoteltür warten auch herrliche Spaziergelegenheiten. Ein Abstecher ins benachbarte Lübbenau lohnt ebenfalls (mit dem RE in sechs Minuten oder auf dem Radwanderweg zu erreichen). Der wohl schönste Spazierweg ist von der Schlossinsel Lübbenau nach Norden und entlang des Bürgerfließes zur Wotschofska, mit über 120 Jahren eines der ältesten Gasthäuser im Spreewald. Die Erleninsel, wie das wendische Wotschofska übersetzt heißt, war früher durch die hochwassersichere Lage eine Notzuflucht.

Kleiner Tipp: Die meisten Restaurants haben im Winter geschlossen, daher ausreichend Proviant mitnehmen. In der hoteleigenen Sauna oder im Saunadorf der Spreewelten in Lübbenau (www.spreeweltenbad.de) kann man sich wieder aufwärmen.

FAZIT: IM SPREEWALD MUSS MAN MAL GEWESEN SEIN, UND SO ENTDECKT MAN DIE RUHIGEN SEITEN.

Hin & Weg: In einer Stunde mit dem RE2 von Berlin Hauptbahnhof nach Lübben.

Beste Zeit: Am besten in der Nebensaison, also im Frühling oder Winter, dann hat man den Spreewald fast für sich allein.

Dauer: 1 bis 2 Nächte, zur Entspannung besser zwei.

Ausrüstung: Bequemes Schuhwerk. Im Winter sehr gutes Profil, da selten gestreut wird.

Wenn es Nacht wird: Das schöne Boutique Resort und Spa Strandhaus Lübben bietet eine schöne Unterkunft und Wellness (www.strandhaus-spreewald.de).

SONST NOCH
WICHTIG

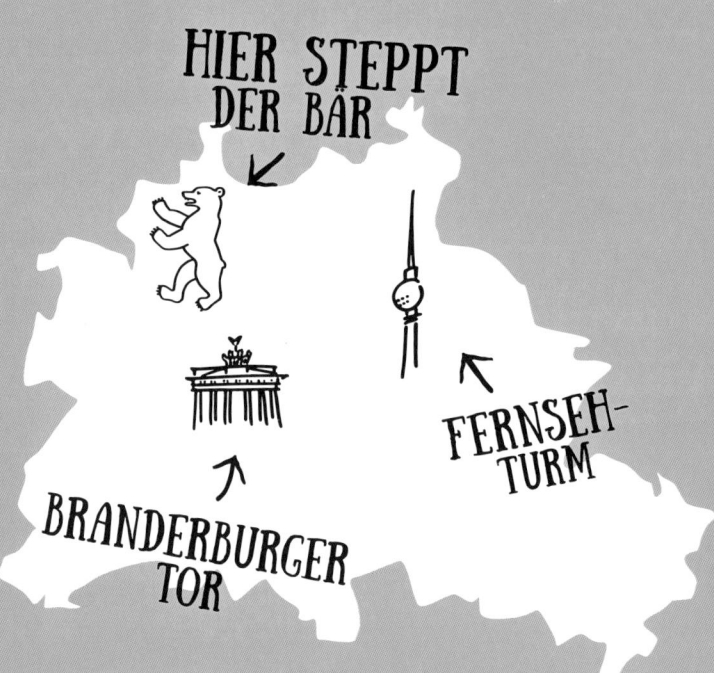

HIER STEPPT
DER BÄR

FERNSEH-
TURM

BRANDERBURGER
TOR

Ein- und Überblick

*Karten für den schnellen Überblick, ein Orts-
register, praktische Tipps sowie mehr über
die Autorin und ihre liebsten Empfehlungen
gibt es auf den folgenden Seiten.*

GPX-Download aufs Smartphone – so geht's

Voraussetzung:
Eine Outdoor-App muss installiert sein, z. B. KOMPASS,
Outdooractive oder komoot. Zum Einlesen des QR-Codes
benötigen Android-Geräte eine QR-Code-App. Bei IOS-
Geräten ist diese Funktion in der Kamera integriert.

Daten downloaden:
1. Den QR-Code einlesen oder die Webadresse im Browser
   eingeben, um auf die Eskapaden-Website zu gelangen.
2. Die gewünschte Tour zum Download anklicken.
3. Bei IOS-Geräten werden die GPX-Daten direkt mit der
   vorab installierten App verknüpft. Bei Android-Geräten
   muss ggf. noch ein Weiterleiten-Button geklickt werden (z. B. oben rechts im Display). Manche Apps
   zeigen den Tourverlauf starr an, andere haben eine
   Navigationsfunktion dabei.

Tourenverlauf

GPX-Daten zum
kostenlosen Download
www.dumontreise.de/
eskapaden/berlin

short.travel/hseqm

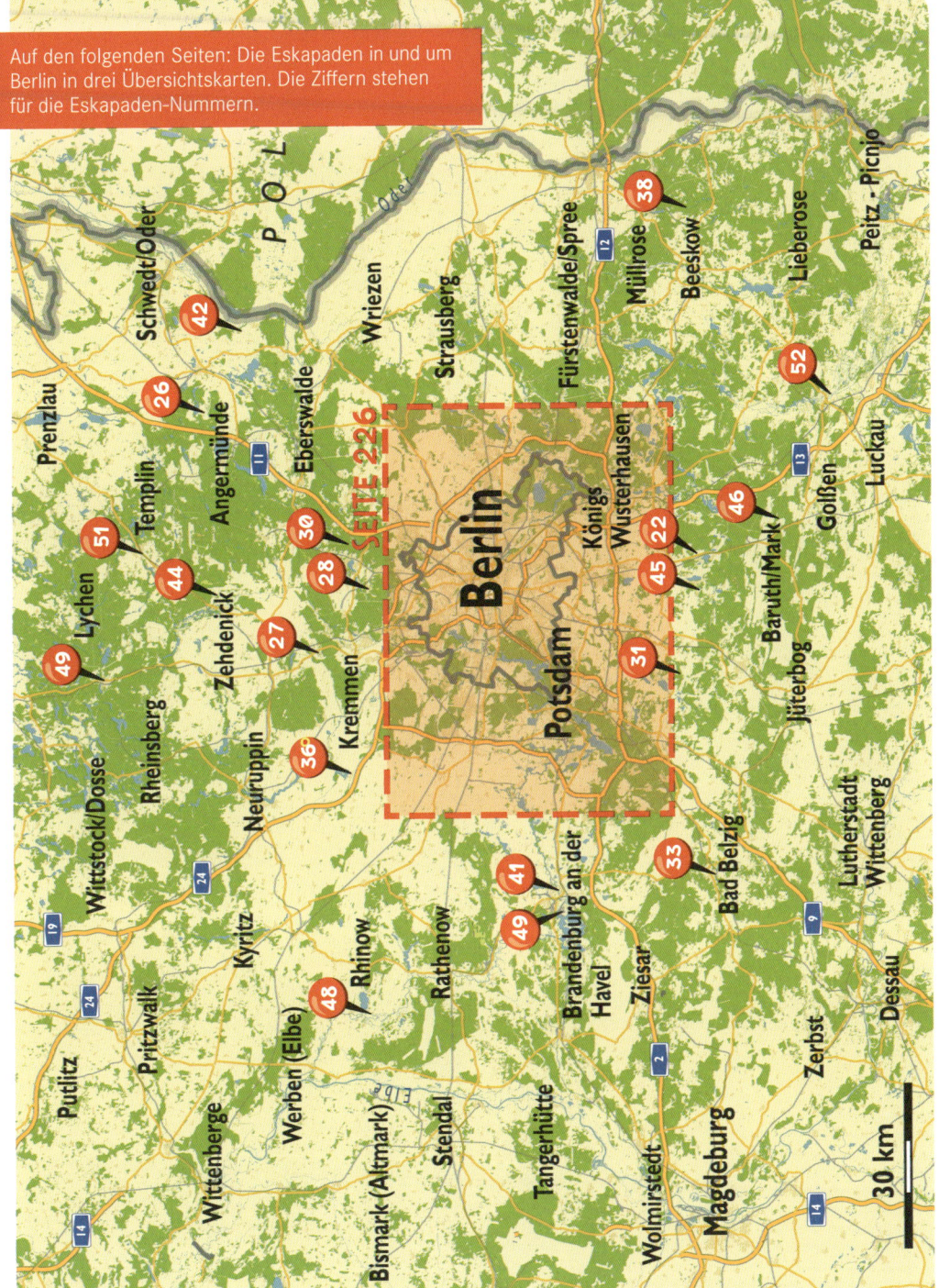

Auf den folgenden Seiten: Die Eskapaden in und um Berlin in drei Übersichtskarten. Die Ziffern stehen für die Eskapaden-Nummern.

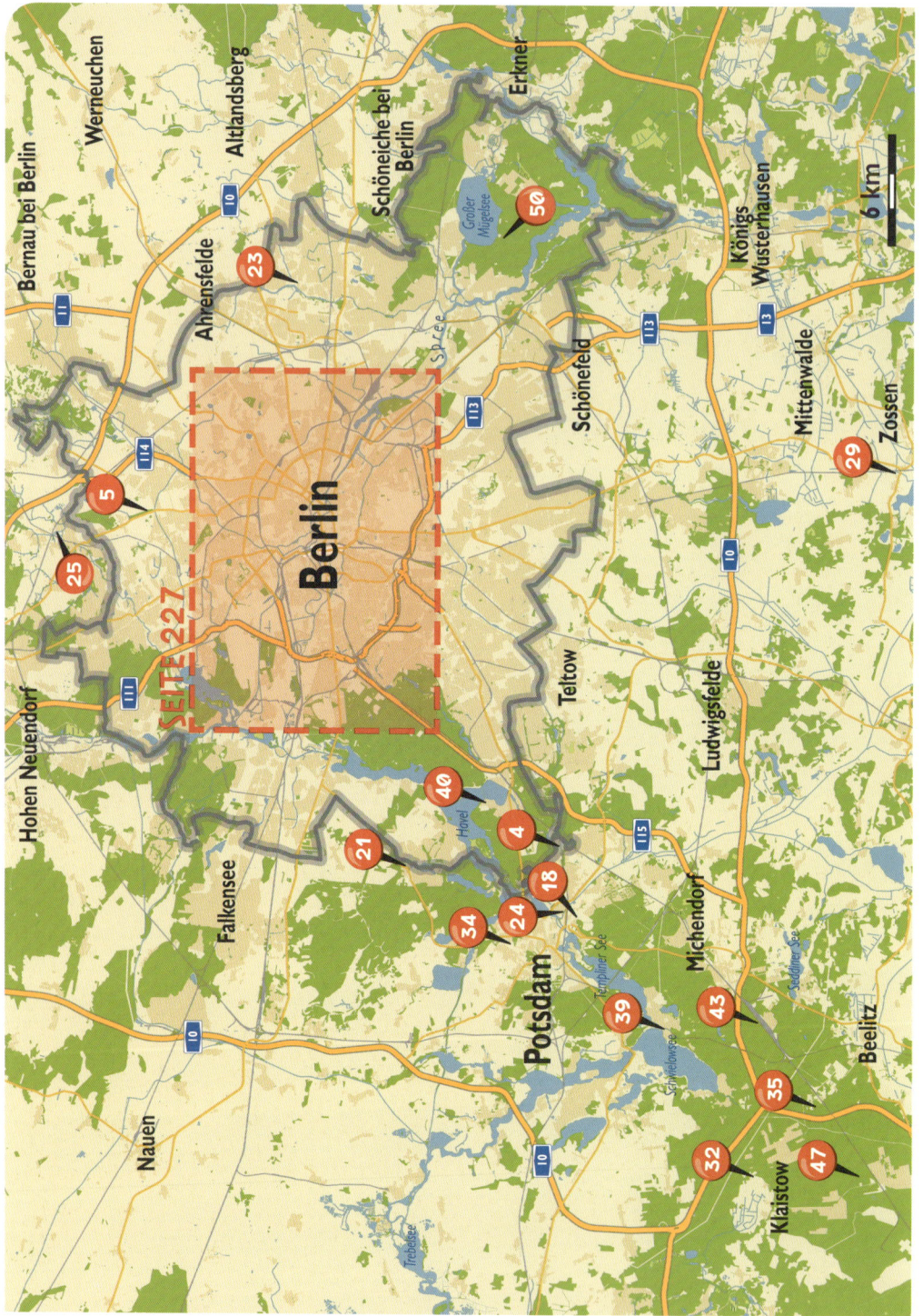

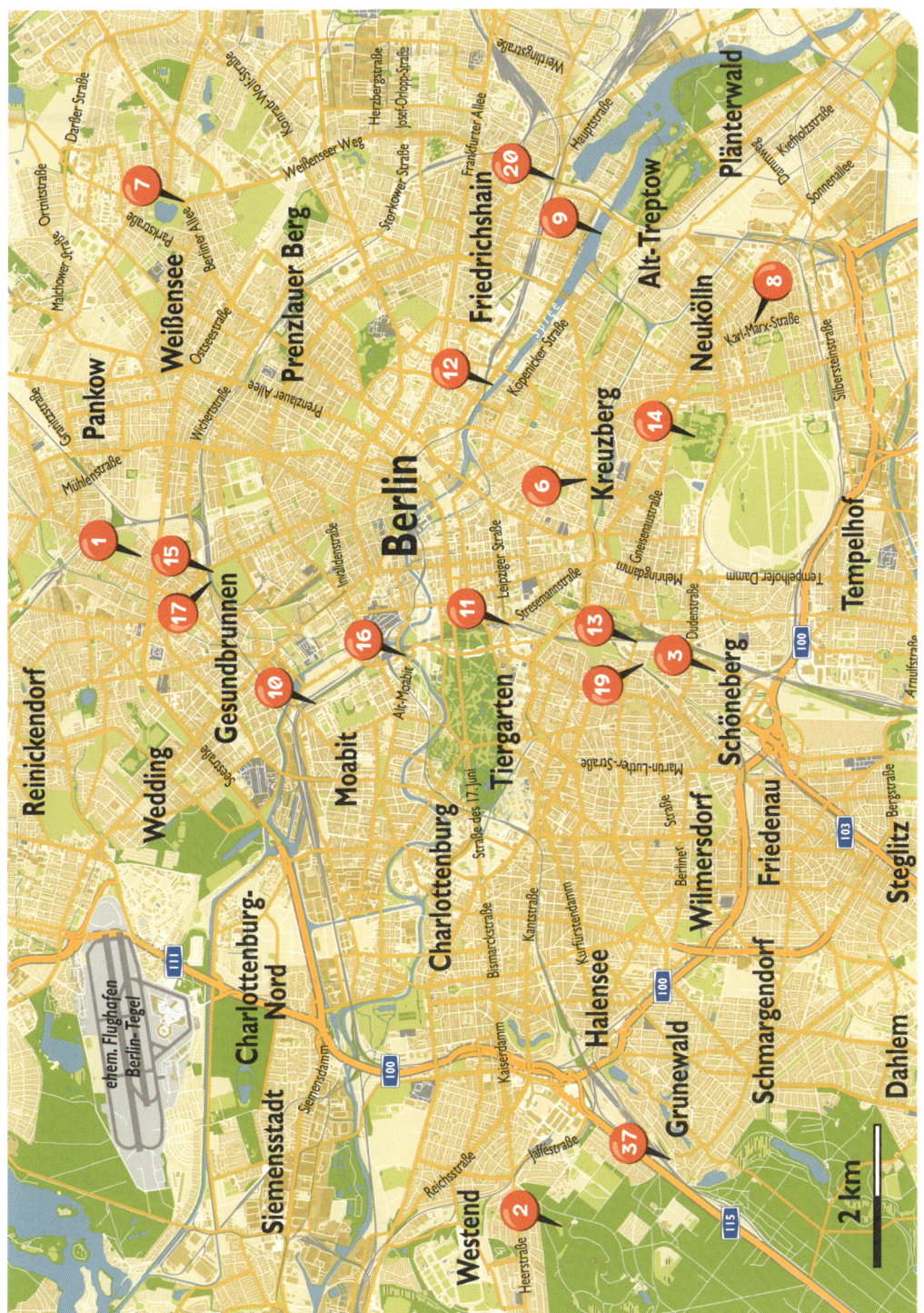

NOCH MEHR ESKAPADEN ...

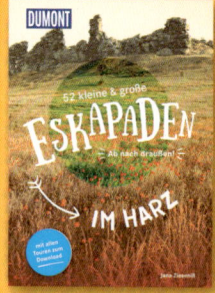

ISBN 978-3-7701-8072-1

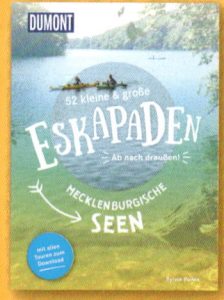

ISBN 978-3-7701-8084-4

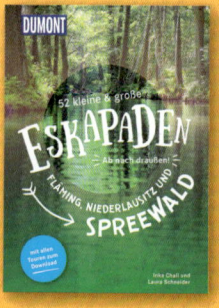

ISBN 978-3-616-11013-4

... erhalten Sie im gut sortierten Buchhandel
und unter www.dumontreise.de

IMPRESSUM

Konzeption Monique Sorban

Projektmanagement Svenja Heinle, Monique Sorban

Text & Fotos Inka Chall, Berlin; mit folgender Ausnahme: Titelseite (Photocase/Thorsten Gast, Berlin)

Cover-/Buchgestaltung & Illustrationen Carolin Weidemann, Köln, www.weidemann-design.com

Lektorat & Produktion Verlagsbüro Wais & Partner, Stuttgart (Sabine Besenfelder, Beate König, Julia Rietsch, Kai Wieland) www.wais-und-partner.de

Kartografie Madlen Keilhauer, Oliver Rau; © MAIRDUMONT, Ostfildern, unter Verwendung von Kartendaten von © OpenStreetMap-Mitwirkende, Lizenz CC-BY-SA 2.0

Printed in Poland

5. Auflage 2021
© 2018 DuMont Reiseverlag, Ostfildern
ISBN 978-3-7701-8080-6

www.dumontreise.de

love
Freiheit.

Geschmackssachen

Die Berliner Küche ist aufgrund der geteilten Geschichte und Internationalität seiner Bewohner äußerst vielfältig. Der Döner ist längst Kulturgut, Bauernfrühstück und Currywurst sind ebenso beliebt wie asiatische Gerichte und Suppenküchen. In Brandenburg werden gerne Buletten oder Fisch verzehrt.

Weiterlesen

»Das Brandenbuch«: Schönes Faktenbuch über Brandenburg mit Skurrilem und Alltagswissen (www.politische-bildung-brandenburg.de).
»Tagesspiegel-Magazin«: Vom Spreewald bis zur Uckermark.
»Bergführer Berlin – Ein Stadtführer für urbane Gipfelstürmer«: Eine Seilschaft von neun Autoren hat die zahlreichen Höhenzüge Berlins lokalisiert.

Ohne Auto

In Berlin ist jeder Winkel über das gut ausgebaute Bus-, U- und S-Bahn-Netz erreichbar. Die schnellste Route mit allen Verkehrsmitteln (sogar per Rad, wenn es sich anbietet) finden Sie unter www.bvg.de. Eine Tageskarte AB kostet unter zehn Euro, drei Kinder inklusive.
Züge und Busse in Brandenburg werden vom Verkehrsverbund Berlin-Brandenburg unterhalten. Alle Verbindungen unter www.vbb.de. Mit dem Berlin-Brandenburg-Ticket kann man zum Sparpreis durch ganz Berlin und Brandenburg fahren (ab 9 Uhr).

GUT ZU WISSEN ...

Sicherheit & Notfälle

Zentrale europäische Notrufnummer ist die 112 – gebührenfrei aus allen Netzen, auch mobil, erreichbar. Feuerwehr und Rettungsdienste werden so alarmiert.

Vor Ort im Netz

Tipps zu Touren und spannenden Orten gibt es unter www.naturtrip.org, www.reiseland-brandenburg.de und www.komoot.de

ESKAPADEN-REGISTER ...

≥ Alle Orte mit Seitenverweisen ≤

INKA CHALL

⋝ ... über die Autorin ⋜

Inka wählte vor über 20 Jahren die Stadt als ihre Heimat, in der ihr Großvater aufwuchs, der so gerne Geschichten erzählte und mit seiner Berliner Schnauze dichtete wie Heinrich Zille. Das Geschichtenschreiben ist seit damals ihre Leidenschaft, die Fotografie kam erst später dazu. Sie läuft gerne und oft durch Berlin und Brandenburg, mag Bäume, Fernwanderungen und Schnee. Die polaren Gebiete dieser Erde sind deshalb auch ihre zweitliebsten Regionen, gleich hinter Brandenburg.

Über ihre Reisen durch die Welt und vor der Haustür bloggt sie auf www.blickgewinkelt.de

Im Blütenrausch

Eskapade #1: Die schönsten Kirschblüten Berlins warten im April nahe der Bornholmer Straße auf einen Besuch. Unbedingt eine Kamera mitnehmen!

Stadtnatur

Eskapade #6: Sommer in Berlin: Jetzt zeigt sich die Stadt von ihrer Schokoladenseite. Wer sich vor dem Abendausklang mit Sundowner zu einem grünen Stadtspaziergang aufmachen möchte, läuft am Landwehrkanal entlang des »Dreiländerecks« zum Flutgraben.

5 BESONDERE EMPFEHLUNGEN ...

Fellfreuden

Eskapade #27: Brandenburg hat nicht nur Wölfe, Elche und Alpakas, sondern auch: Kamele! Die gutmütigen Trampeltiere warten in Nassenheide darauf, gestriegelt und geritten zu werden. Spaß und Entspannung sind hier garantiert.

Wintermagie

Eskapade #52: Der Spreewald zeigt sich im Winter völlig anders als im Sommer: An Wasserwegen entlanglaufen, mit dem Kanu die Kanäle erkunden oder einfach die magische Stille genießen beim Betrachten der geheimnisvollen Spiegelungen der Bäume im Wasser.

Ab in die Wildnis

Eskapade #38: Manchmal geht einem die Großstadt doch so richtig auf den Zeiger. Da hilft nur: Raus aus der Stadt und hinein in Brandenburgs Wildnis, zum Beispiel ins Schlaubetal.

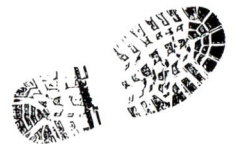